Eberhard Schneider
Rußland auf Demokratiekurs?

Eberhard Schneider

Rußland auf Demokratiekurs?

Neue Parteien, Bewegungen
und Gewerkschaften
in Rußland, Ukraine und Weißrußland

Bund-Verlag

Die Deutsche Bibliothek – CIP-Einheitsaufnahme

Schneider, Eberhard:
Russland auf Demokratiekurs? : Neue Parteien, Bewegungen und Gewerkschaften in Russland, Ukraine und Weißrußland / Eberhard Schneider. – Köln : Bund-Verl., 1993
ISBN 3-7663-2476-4

© by Bund-Verlag GmbH, Köln 1994
Lektorat: Christiane Schroeder-Angermund
Redaktion: Kristina Petersen
Herstellung: Heinz Biermann
Umschlag: Roberto Patelli
Satz: Typobauer Filmsatz GmbH, Ostfildern
Druck: Wagner, Nördlingen
Printed in Germany 1994
ISBN 3-7663-2476-4

Alle Rechte vorbehalten,
insbesondere die des öffentlichen Vortrags,
der Rundfunksendung
und der Fernsehausstrahlung,
der fotomechanischen Wiedergabe,
auch einzelner Teile.

Inhalt

Vorwort 9

A. PARTEIEN 11

I. Das Ende der KPdSU 13
   1. Diskreditierung der KPdSU bei den
      Wählern 13
   2. Parteiinterne Spannungen 15
   3. Verbot der KPdSU 17

II. Neue Parteien 20
   1. Kommunistischer Block Rußlands 22
      a) Sozialistische Partei der Werktätigen 22
      b) Allunionistische Kommunistische Partei
         der Bolschewiken 24
      c) Russische Kommunistische Arbeiterpartei . . 26
      d) Russische Partei der Kommunisten 27
      e) Union der Kommunisten 29
      f) Partei der Arbeit 30
      g) Kommunistische Partei der
         Russischen Föderation 31
   2. Linksparteien 33
      a) Republikanische Partei der
         Russischen Föderation 34
      b) Partei der demokratischen Wiedergeburt
         der Ukraine 36
   3. Umweltparteien 38
      a) Russische Partei der Grünen 38
      b) Partei der Grünen der Ukraine 39
   4. Sozialdemokratische Parteien 40

      a) Sozialdemokratische Partei der
         Russischen Föderation 40
      b) Sozialdemokratische Partei der Ukraine ... 46
      c) Weißrussische Sozialdemokratische Partei .. 47
  5. Christlich-demokratische Parteien 49
      a) Christlich-demokratische Union Rußlands .. 49
      b) Russische Christlich-demokratische
         Bewegung 51
      c) Russische Christlich-demokratische Partei .. 56
      d) Russische Christlich-demokratische Union .. 57
      e) Ukrainische Christlich-demokratische Partei . 58
      f) Christlich-demokratische Union
         Weißrußlands 58
  6. Liberale Parteien 59
      a) Frei-demokratische Partei Rußlands 59
      b) Partei der wirtschaftlichen Freiheit 60
      c) Demokratische Partei der Ukraine 61
  7. Zentristische Parteien 62
      a) Demokratische Partei Rußlands 62
      b) Volkspartei Rußlands 67
      c) Volkspartei Freies Rußland 68
      d) Konstitutionell-demokratische Partei
         (Partei der Volksfreiheit) 71
      e) Allrussische Union »Erneuerung« 73
      f) Ukrainische Republikanische Partei 74
  8. Nationalistische Parteien 76
      a) National-republikanische Partei Rußlands .. 76
      b) Liberal-demokratische Partei Rußlands 76

B. BEWEGUNGEN, BLÖCKE, PARTEIENKOALITIONEN 81

I. Rußland 83
  1. Demokratisches Rußland 83
  2. Volkskonsens 86
  3. Neues Rußland 87
  4. Russische Bewegung für demokratische
     Reformen 87
  5. Russische Nationalversammlung 89

    6. Union für Demokratie und Reformen 90
    7. Bürgerunion 90
    8. Demokratischer Wandel 94
    9. Front der nationalen Rettung 94

II. Ukraine 96

III. Weißrußland 98

C. GEWERKSCHAFTEN 101

I. Alte und neue Gewerkschaften 103
    1. Ehemalige Staatsgewerkschaften 103
       a) Allgemeine Konföderation
          der Gewerkschaften 104
       b) Föderationen Unabhängiger Gewerkschaften 105
       c) Regionale Gewerkschaftskomitees 108
       d) Verschiedene Einzelgewerkschaften 110
       e) Assoziation Unabhängiger Gewerkschaften . 111
    2. Neue Arbeitnehmerorganisationen 112
       a) Arbeiter- und Streikkomitees 112
       b) Freie Gewerkschaften 114
       c) Parteinahe Gewerkschaften 120
          SozProf 120
          Vereinigung »Arbeiter« 122
          WOST 122
       d) Unternehmergewerkschaften 123

II. Tätigkeitsfelder 125
    1. Abschluß von Tarifverträgen 125
    2. Sozialversicherung 127
    3. Sozialleistungen 127
    4. Politische Funktionen 128
    5. Weitere Funktionen 130

III. Abgrenzung, Kommunikation
    oder Bündnisfähigkeit 131

IV. Internationale Kontakte 134

D. AUSBLICK 137

   1. Die russischen Parlamentswahlen 139
   2. Die neue russische Verfassung 144
   3. Perspektiven der Parteien 151

Anhang 155
Tabellierung von Parteien (nach Größe) 157
Entwicklungsschema der ehemaligen
Staatsgewerkschaften 159
Biographien von Partei- und Gewerkschafts-
vorsitzenden (in alphabetischer Reihenfolge) 160

Abkürzungsverzeichnis 189
Literaturverzeichnis 191

Vorwort

Die vorgezogene Parlamentswahl am 12. Dezember 1993 in Rußland, die der Autor im Auftrag der Europäischen Union in Jekaterinburg beobachten konnte, erbrachte überraschende Ergebnisse. Mit der Wahl war eine Volksabstimmung über die neue Verfassung verbunden, der eine knappe Mehrheit der Bevölkerung zustimmte. In der Ukraine sind vorzeitige Parlamentswahlen für März 1994 vorgesehen. Schon vor einem Jahr wurde in Weißrußland die erforderliche Zahl von Unterschriften für ein Referendum über die baldige Neuwahl des Parlaments gesammelt, ohne daß bisher sein Oberster Sowjet eine solche Volksabstimmung angeordnet hat, wozu er verfassungsmäßig verpflichtet ist. Nun stellen sich folgende Fragen:

Welche Parteien gibt es überhaupt? Wie stark sind sie? Wer führt sie? Welche politischen Ziele verfolgen sie? Welche Bündnisse sind sie eingegangen? Welche Rolle spielen die politischen Bewegungen? Wo sind die Kommunisten geblieben? Wie sind die russischen Parlamentswahlen zu beurteilen? Wie demokratisch ist die neue Verfassung? Die Streiks und die zunehmenden sozialen Spannungen nach der Freigabe der Preise werfen auch die Frage nach der Gewerkschaftsbewegung auf. Auf all diese Fragestellungen versucht dieses Buch eine Antwort zu geben.

Die Darstellung des politischen Lebens in der Russischen Föderation, in der Ukraine und in Weißrußland ist nicht nur die Frucht intensiven Quellenstudiums; sie faßt auch die Ergebnisse von zwei vierwöchigen Forschungsreisen zusammen, die der Autor im Auftrag der Friedrich-Ebert-Stiftung in den Jahren 1991 und 1992 in die drei slawischen GUS-Staaten unternehmen konnte, sowie einer Informationsreise nach Moskau im Juni 1993, die von der Deutschen Forschungsgemeinschaft gefördert wurde. In über 230 Gesprächen in Moskau, St. Petersburg (Leningrad), Jekaterinburg (Swerdlowsk), Wolgograd, Donezk, Charkow, Kiew und Minsk mit zentralen sowie regionalen Partei- und Gewerkschaftsführern versuchte sich der Autor ein Bild von der politischen und gewerkschaftlichen Situation zu machen. Im Rahmen dieser Forschungsreisen wurden auch verschiedene Betriebe besucht, unter anderem URALMASCH in Jekaterinburg, der größte Schwerindustrie- und Rüstungsbetrieb der ehemaligen Sowjetunion, und MAS, das größte LKW- und Nutzfahrzeugwerk der UdSSR, in Minsk, sowie unter Tage die älteste Zeche in Donezk. Ferner stützt sich der Autor auf Eindrücke, die er auf der Konferenz des Konsultativrates der Freien Gewerkschaften vom 3. bis 5. Juli 1992 in Kiew gewinnen konnte, an der er als Beobachter im Auftrag der Friedrich-Ebert-Stiftung teilnahm.

Ohne diese Reisen wäre dieses Buch nicht möglich gewesen, wofür der Autor der Friedrich-Ebert-Stiftung und der Deutschen Forschungsgemeinschaft danken möchte. Teamkameraden waren bei der ersten Reise Dr. Heinz Timmermann, Wissenschaftlicher Direktor am Bundesinstitut für ostwissenschaftliche und internationale Studien in Köln, und bei der zweiten Reise Dr. Uwe Optenhögel, Leiter Gewerkschaftskoordination/Industrieländer der Friedrich-Ebert-Stiftung in Bonn, Ursula Koch-Laugwitz, Leiterin des neuen Büros der Friedrich-Ebert-Stiftung für Gewerkschaftsarbeit in Moskau, sowie Jürgen Buxbaum, Stipendiat der Hans-Böckler-Stiftung des DGB.

Lohmar, Dezember 1993　　　　　　　　　　Eberhard Schneider

A. Parteien

I. Das Ende der KPdSU

Wir erleben gegenwärtig in Osteuropa einen Transformationsprozeß historischen Ausmaßes. Der Kommunismus der östlichen Führungsmacht ist zusammengebrochen, weil er nicht in der Lage war, die wirtschaftlichen und politischen Probleme einer Industriegesellschaft zu lösen. Die strategische Überdehnung des sowjetischen Machtbereichs, die fortschreitende Erosion der ideologischen Legitimierung des kommunistischen Systems bei der eigenen Bevölkerung und das Aufzehren der Wirtschaftsressourcen von einer paranoisch aufgeblähten Rüstung sind die konkreten Ursachen für das Scheitern eines politischen Experiments, unter dem Millionen von Menschen gelitten haben und zu Tode gekommen sind. Der Kern des sowjetischen politischen Systems war die Kommunistische Partei der Sowjetunion (KPdSU).

Das politische Aus der Kommunistischen Partei der Sowjetunion (KPdSU) zeichnete sich schon vor dem Putsch vom August 1991 ab, wenn es auch ohne ihn nicht so schnell gekommen wäre. Das, was die Putschisten verhindern wollten, haben sie sozusagen in geschichtlicher Dialektik beschleunigt: das Ende ihrer eigenen Partei und der Sowjetunion.

1. Diskreditierung der KPdSU bei den Wählern

Wenn es nicht zum Putsch gekommen wäre, hätte die KPdSU 1992 bei Wahlen zum neuen Parlament in einer wie auch immer gearteten Sowjetunion voraussichtlich nur noch 10 Prozent der Stimmen erhalten; nicht einmal alle KPdSU-Mitglieder hätten für ihre Partei votiert. Keine demokratische Partei wäre bereit gewesen, die KPdSU in irgendeine Koalition miteinzubeziehen.

Wieso konnte die bis dahin noch so mächtige Partei plötzlich auf dem Abfallhaufen der Geschichte landen? Der eigentliche Grund liegt darin, daß sich die KPdSU dem Wunschdenken hingegeben hatte. Sie nahm die Entwicklungen in der Gesellschaft nicht mehr wahr. Innerhalb der KPdSU hatten sich die unteren Parteifunktionäre bis hin zur Gebietsebene in stärkerem Maße verändert als der sich darüber wölbende KPdSU-Apparat auf Republik- und auf Unionsebene. Die auf der unteren Ebene neugewählten Parteifunktionäre standen der Parteibasis näher als die Republiks- sowie die zentralen Funktionäre und setzten sich deshalb viel stärker für eine Perestrojka ein als jene. Der höhere Parteiapparat erschrak über die rasche Verbreitung der Perestrojka an der Parteibasis und ging deshalb zur Abwehr über. So ist das Entstehen der Russischen Kommunistischen Partei (RKP) im Juni 1990 unter ihrem konservativen Ersten Sekretär Iwan Poloskow zu verstehen, der Anfang August 1991 zurücktrat.

KPdSU-Generalsekretär Michail Gorbatschow versuchte zu verhindern – wie er es auf dem Plenum des Zentralkomitees (ZK) der KPdSU Anfang Februar 1990 formulierte –, daß die Partei an den »Wegrand des politischen Lebens« abgedrängt werde.[1] Er konnte auf diesem Plenum den Verzicht der Partei auf die Verankerung ihres Führungsanspruchs in Artikel 6 der Verfassung der UdSSR durchsetzen und so den Weg zu einem Mehrparteiensystem freimachen. Die Partei sollte ihre führende Rolle nicht mehr auf administrative Weise durch Absicherung in der Verfassung ausüben, sondern politisch, indem sie sich geheimen Wahlen stellte. Programmatisch versuchte Gorbatschow eine Sozialdemokratisierung der KPdSU durch das neue Parteiprogramm einzuleiten, dessen letzter Entwurf Anfang Juli 1991 veröffentlicht wurde[2]. Doch all dies kam zu spät.

---

1 Prawda (Wahrheit), 6. 2. 1990.
2 Iswestija (Nachrichten), 10. 7. 1991. Die Billigung des Programmentwurfs erfolgte auf dem ZK-Plenum am 25./26. Juli 1991 (Prawda, 26., 27., 29. und 30. 7. 1991). Vgl. dazu: Dawn, Mann, Draft Party Program Approved, in: RFE/RL Research Institute (Hrsg.), Report on the USSR, 1991, 32, S. 1–5.

Die KPdSU hatte seit dem Winter 1989/90 vier Millionen Mitglieder verloren, bildete aber mit 15 Millionen[3] noch immer die stärkste politische Gruppierung im Land; viele Parteimitglieder zahlten jedoch keine Mitgliedsbeiträge mehr. Während sie deshalb früher aus der Mitgliederliste gestrichen worden wären, wurden sie inzwischen von der KPdSU gebeten, doch in der Partei zu bleiben, um eine hohe Mitgliederzahl vorweisen zu können. Unterdessen beeilte sich die Parteibürokratie, aus ihrem politischen Kapital Geld zu machen. KPdSU-Funktionäre gründeten in zunehmendem Maße unter Verwendung von Parteigeldern und Parteigebäuden eigene Firmen oder Joint-ventures mit westlichen Firmen. Die besten Betriebe sind im Grunde genommen bereits von Parteifunktionären unter sich privatisiert worden. Die Parteinomenklatur wandelte sich zu einer Nomenklaturbourgeoisie; das enttäuschte und verärgerte die Parteibasis. Sie mußte mit ansehen, wie sich gerade ihre Spitzenfunktionäre besonders kapitalistisch gebärdeten. Diese Entwicklungen demoralisierten die Parteibasis und nahmen ihr jegliche Motivation zu aktivem politischem Engagement.

2. Parteiinterne Spannungen

Die KPdSU bestand in ihrer Schlußphase aus mehreren Parteien. Auf dem ZK-Plenum am 25. April 1991 hatte Gorbatschow bereits erklärt, daß vor ihm Vertreter nicht einer, sondern von zwei, drei oder vier Parteien säßen.[4] Die Partei war vertikal und horizontal gespalten. Die vertikalen Spannungen bezogen sich auf die Differenz zwischen einer Kommunistischen Partei, die sich als unionsweit begriff und am bisherigen sowjetischen Imperium festhalten wollte (Imper[ial]-Kommunisten), und einer Kommunistischen Partei, die diesen Anspruch nicht mehr erhob, sich deshalb nur noch als eine Republikpartei verstand (Souverän-Kommunisten) und für die Souveränität und Unabhängigkeit ihrer Republik eintrat.

---
3 Gorbatschow in seiner Rede auf dem ZK-Plenum am 25. 7. 1991, in: Sowetskaja Rossija (Sowjetrußland), 26. 7. 1991.
4 Moskowskije nowosti (Moskauer Neuigkeiten), 12. 5. 1991.

Die horizontalen Spannungen innerhalb der KPdSU bestanden hauptsächlich zwischen den Konservativen und den Demokraten. Die Konservativen wollten das stalinistisch-breschnewistische System der gesellschaftlichen Beziehungen bewahren bzw. wiederherstellen – wie der Putsch zeigte, notfalls auch mit Gewalt. Sie hatten wenig Rückhalt in der Bevölkerung und in normalen Zeiten keine besondere Perspektive. Die Demokraten in der KPdSU formierten sich zu den Reformströmungen »Demokratische Bewegung der Kommunisten« und »Kommunisten für Demokratie«.

Die »Demokratische Bewegung der Kommunisten« setzte in der KPdSU die Politik der »Demokratischen Plattform in der KPdSU« fort. Diese war auf dem XXVIII. KPdSU-Kongreß im Juli 1990 aus der Partei ausgetreten, weil Gorbatschow nicht ihre politischen Positionen übernommen hatte bzw. übernehmen konnte. Aus der »Demokratischen Plattform in der KPdSU« gingen Ende 1990 die »Republikanische Partei der Russischen Föderation« und die »Partei der demokratischen Wiedergeburt der Ukraine« hervor. Die »Demokratische Bewegung der Kommunisten« forderte die Demokratisierung der KPdSU, die Überwindung der unbeweglichen Verwaltungsstrukturen in der Partei und die Durchführung wirklicher politisch-ökonomischer Reformen. Vertreter der »Demokratischen Bewegung der Kommunisten« waren in höchsten Parteipositionen sowie in der Programmkommission zu finden und spielten dort eine wichtige Rolle.

Die zweite Reformströmung der Demokraten, die »Kommunisten für Demokratie«, entstand im April 1991[5] unter den Kommunisten im Kongreß der Volksdeputierten der Russischen Sozialistischen Föderativen Sowjetrepublik (RSFSR). An ihrer Spitze stand Aleksandr Ruzkoj, Jahrgang 1947, ein ehemaliger Afghanistan-Kämpfer und Jagdbomberkommandant. Boris Jelzin gewann ihn durch einen geschickten Schachzug für die Vizepräsidentschaftskandidatur, weil er für seine Politik im Volkskongreß[6] der RSFSR auch einen Teil der Stimmen der Kommunisten brauchte. Außerdem vermochte er es auf diese Weise, die Fraktion der Kom-

---

5 Sowetskaja Rossija (Sowjetrußland), 12. 4. 1991.
6 »Volkskongreß« oder »Volksdeputiertenkongreß« sind die Kurzbezeichnungen der offiziellen Bezeichnung »Kongreß der Volksdeputierten«.

munisten sowie die Militärs zu spalten. Am 12. Juni 1991 wurde Jelzin zum Präsidenten, Ruzkoj zum Vizepräsidenten der RSFSR gewählt.

Inzwischen wurde Ruzkoj in seinem machtpolitischen Ehrgeiz zu einem scharfen Gegner Jelzins. Wegen seines verbrecherischen Aufrufs zum Sturm auf das Moskauer Rathaus und das Fernsehzentrum Ostankino, bei dem es Tote gegeben hat, wurde Ruzkoj Anfang Oktober 1993 verhaftet.

Anfang August 1991 initiierten die »Kommunisten für Demokratie« die Gründung der »Demokratischen Partei der Kommunisten Rußlands« innerhalb der RKP.[7] Nach dem Verbot der RKP als Teil der KPdSU wurde die »Demokratische Partei der Kommunisten Rußlands« für kurze Zeit eine selbständige Partei.

In den republikanischen und regionalen Sowjets waren 1991 die Kommunisten unterschiedlich stark vertreten. Sie bildeten in den Sowjets selten eine eigene Fraktion, weil nicht alle KPdSU-Mitglieder ihr beitreten wollten. Die Sitzverteilung in den Sowjets nach Gebieten und nicht nach Fraktionen erleichterte das bei einem Teil der Kommunisten übliche Vorgehen, mit den Demokraten zu stimmen.

3. Verbot der KPdSU

Die KPdSU war keine politische Partei, sondern eher eine Art Staatsstruktur. Jelzin hatte in seinem Erlaß vom 6. November 1991 die KPdSU und die KP der RSFSR mit der Begründung verboten, daß beide niemals Parteien gewesen seien. Bei ihnen habe es sich vielmehr um »einen besonderen Mechanismus der Formierung und Realisierung der politischen Macht« gehandelt, der durch das »Zusammenwachsen mit staatlichen Strukturen bzw. deren direkte Unterstellung unter die KPdSU« durchgesetzt worden sei.[8]

Ausgelöst wurde das Verbot der KPdSU durch das Verhalten ihrer obersten Organe während des Putsches. So ist ein geheimes Telegramm des Sekretariats des ZK der KPdSU vom

---

7 TASS russ., 6. 8. 1991.
8 Rossijskaja gaseta (Russische Zeitung), 9. 11. 1991.

19. August 1991 – dem zweiten Putschtag – mit der Chiffre 215/schn 19. 08. 91 bekannt geworden, in dem die Parteikomitees der Republiken, Regionen und Gebiete, also des ganzen Landes, aufgefordert wurden, »Maßnahmen zur Teilnahme der Kommunisten an der Unterstützung des Staatlichen Komitees für den Ausnahmezustand in der UdSSR«, also des Putschkomitees, zu ergreifen.[9]

Die Kommunisten riefen wegen des Verbots ihrer Partei das russische Verfassungsgericht an. Das Verfassungsgericht faßte am 30. November 1992 den Beschluß, daß erstens nur das Verbot der Führungsorgane der KP der RSFSR als Teil der KPdSU verfassungsmäßig gewesen sei. Zweitens verfügte das Verfassungsgericht jedoch, daß das Verbot der territorialen Grundorganisation der KPdSU verfassungswidrig gewesen sei, insofern als diese Organisationen ihren gesellschaftlichen Charakter bewahrt und die staatlichen Strukturen nicht verändert hätten. Die Streitfrage über das Vermögen der KPdSU und der KP der RSFSR wurde folgendermaßen entschieden: (a) Die Konfiszierung desjenigen Teils des Vermögens, der staatliches Eigentum war und den die Organe und Organisationen der KPdSU und der KP der RSFSR zum Zeitpunkt des Verbotserlasses des Präsidenten de facto besaßen und nutzten, wurde bestätigt. (b) Nicht bestätigt wurde dagegen die Konfiszierung jenes Vermögensteils, dessen Eigentümer die KPdSU und die KP der RSFSR waren, sowie jenes Teils, den die Organe und Organisationen der KPdSU und der KP der RSFSR zum Zeitpunkt des Verbotserlasses besaßen und nutzten, dessen Eigentümer jedoch nicht definiert war. (c) Nicht bestätigt wurde ferner die Konfiszierung desjenigen Teils des Vermögens, bei dem die Übergabe des Nutzungsrechts im Erlaß unbegründeterweise verbunden worden war mit dem Recht des Staates auf Nutzung dieses Eigentums als Eigentümer. (d) Streitigkeiten, die über Teilvermögen entstehen, die von der KPdSU und der KP der RSFSR genutzt wurden, aber nicht staatliches Eigentum sind, können gerichtlich geklärt werden. (4.) Das Verfassungsgericht verfügte außerdem, daß die Überprüfung der Verfassungsmäßigkeit der Partei eingestellt werde, da die

---

9 Rossijskaja gaseta (Russische Zeitung), 23. 7. 1992.

KPdSU de facto zerfallen und ihre Leitungsorgane aufgelöst wurden.[10]

Das Verfassungsgericht hat die Frage nach der Verfassungsmäßigkeit der kommunistischen Partei zwar nicht direkt, wohl aber indirekt beantwortet: Es erklärte diejenigen Teile des Erlasses des Präsidenten, durch die er Organisationsstrukturen der KPdSU auflöste, für verfassungskonform. »Nach der Logik der Dinge können die Handlungen des Präsidenten zur Auflösung der Strukturen der KPdSU jedoch nur dann als verfassungsgemäß beurteilt werden, wenn diese Strukturen selbst, die die ganze Partei verkörperten, nicht verfassungsgemäß waren.« Auf der anderen Seite garantiert die Aufhebung des Verbots der Grundorganisationen kommunistischer Parteien die Freiheit der Anhänger der kommunistischen Ideologie, allerdings unter der Voraussetzung, daß diese ihre Ziele nicht durch die Anwendung von Gewalt zu erreichen suchen.[11]

Als Reaktion auf den Beschluß des Verfassungsgerichts verbot Jelzin mit einem Erlaß vom 28. April 1993 Parteiarbeit in Unternehmen und staatlichen Organisationen. Zugleich forderte er Regierung und Exekutivorgane der Russischen Föderation dazu auf, eine Bilanz über die Nutzung der Güter der ehemaligen KPdSU vorzulegen.[12]

Die Bevölkerung hält nicht viel von den Kommunisten, wie eine Umfrage im Februar 1993 zeigte. Nur 11 Prozent wünschen sich die Kommunisten als führende politische Kraft zurück. 42 Prozent waren allerdings dafür, daß sich die Kommunistische Partei am politischen Leben beteiligen solle. Auf der anderen Seite waren 35 Prozent gegen eine Rückkehr der Kommunistischen Partei in die aktive Politik.[13]

---

10 Rossijskaja gaseta (Russische Zeitung), 16. 12. 1993. Vgl. Jurij Pivovarov, Andrej Fursov, Die KPdSU und das kommunistische Regime. Zum Prozeß über das Verbot der KPdSU vor dem russischen Verfassungsgericht (Berichte des Bundesinstituts für ostwissenschaftliche und internationale Studien, Nr. 30 – 1993, Köln 1993).
11 Valerij M. Savickij, War die KPdSU nun eine verfassungsmäßige Organisation?, in: Recht in Ost und West, 5/1993, S. 134 ff.
12 ITAR-TASS russ., 28. 4. 1993.
13 Moskowskije nowosti (Moskauer Neuigkeiten), 18. 2. 1993.

II. Neue Parteien

Die Wesenselemente von Demokratie bilden Volkssouveränität, Wahlen in einem Zwei- oder Mehrparteiensystem, Rechtsstaat, Gewaltenteilung und Föderalismus. Die verschiedenen politischen Interessen, die in einem Volk bestehen, werden in einer Demokratie von den Parteien aggregiert. In regelmäßigen Abständen stellen sich die Parteien dem Volkssouverän zur Wahl. Ist das Zwei- oder Mehrparteiensystem nur schwach entwickelt und spielen die politischen Parteien keine große Rolle, fehlt es an den notwendigen Voraussetzungen, um von einer pluralistischen Demokratie sprechen zu können. Das Gewicht von politischen Parteien läßt sich hauptsächlich daran messen, ob und in welchem Ausmaß sie bei Wahlen Kandidaten aufstellen und mit welchem Abstimmungsergebnis diese gewählt werden. Bisher haben sich die neuen Parteien in Rußland, in der Ukraine und in Weißrußland noch nicht einer Wahl gestellt. Die Bedeutung der neuen Parteien ist deshalb zur Zeit vor allem an ihrer Mitgliederzahl, an ihrer Vertretung durch prominente Deputierte im Volksdeputiertenkongreß und in der Regierung, an ihrem landesweiten Organisationsgrad und an ihren Artikulationsmöglichkeiten in den Massenmedien abzulesen.

Politische Grundlage für das Entstehen von neuen politischen Parteien war der Verzicht der KPdSU auf die Verankerung ihres Führungsanspruchs in Artikel 6 der Verfassung der UdSSR (ZK-Plenum vom 5. bis 7. Februar 1990).[14] Die rechtliche Grundlage für die Einführung des Mehrparteiensystems bildete die Neufassung von Artikel 6 der Verfassung

---

14 Prawda (Pravda), 6. 2. 1990.

der UdSSR am 14. März 1990[15] und die Verabschiedung eines Gesetzes über die gesellschaftlichen Vereinigungen am 15. Oktober 1990.[16]

Für die Registrierung politischer Parteien beim jeweiligen Justizministerium bestehen in den drei slawischen GUS-Staaten unterschiedliche Vorschriften. Von den drei slawischen Republiken setzte das ukrainische Justizministerium mit einer Quote von 3000 die höchste Mindestmitgliederzahl; inzwischen ist in der Ukraine nur eine Mindestmitgliederzahl von 300 erforderlich. Im Sommer 1992 waren in der Ukraine 16 politische Parteien registriert.[17]

Die vom Parteiengesetz der UdSSR vorgeschriebene Mindestmitgliederzahl von 5000 gilt für die Russische Föderation[18] nicht mehr. Für eine Registrierung ist allerdings erforderlich, daß die Partei über zentrale Organe verfügt und in mindestens 45 der 89 Föderationssubjekte mit ihren regionalen Parteiorganisationen registriert ist. Nach der letzten veröffentlichten Liste der registrierten Parteien waren am 6. August 1993 36 politische Parteien registriert.[19] Hier sollen im folgenden nicht alle, sondern nur die wichtigsten und mitgliederstärksten vorgestellt werden.

Die neugegründeten Parteien lassen sich zu folgenden politischen Blöcken und Richtungen zusammenfassen: kommunistischer Block, Linksparteien, Umweltparteien, sozialdemokratische Parteien, christlich-demokratische Parteien, liberale Parteien, zentristische Parteien und nationalistische Parteien.

---

15 Wedomosti Werchownogo Soweta SSSR (Nachrichten des Obersten Sowjet der UdSSR), 28/1990, Pos. 538.
16 Prawda (Wahrheit), 16. 10. 1990.
17 Arkadij Kireev, Das Spektrum der politischen Parteien in der Ukraine: Von der Trennung zum Zusammenschluß. Aktuelle Analyse des Bundesinstituts für ostwissenschaftliche und internationale Studien, 52/1992.
18 Die wörtliche Übersetzung lautet »Rußländisch«, was ausdrücken soll, daß damit nicht nur das von den Russen bewohnte Gebiet gemeint ist, sondern das gesamte Territorium der Russischen Föderation. Weil »Rußländisch« im Deutschen nicht gut klingt, wird statt dessen zumeist das Wort »Russisch« verwendet.
19 Rossijskaja gaseta (Russische Zeitung), 12. 8. 1993.

1. Kommunistischer Block Rußlands

a) Sozialistische Partei der Werktätigen

Die »Sozialistische Partei der Werktätigen« (SPW) formierte sich auf der Basis der »Demokratischen Plattform der KPdSU« am 26. Oktober 1991 im Moskauer Werk »Kompressor«. Am 21. November 1991 wurde sie als Partei registriert. Zu den Gründungspersönlichkeiten gehörte der bekannte Historiker und Dissident in der Breschnew-Zeit, Roj Medwedew, der heute noch zum engsten Führungskreis der Partei gehört. Anfänglich konnte die Partei 100 000 Mitglieder vorweisen, weil viele in die Partei eintraten, die keine Sozialisten waren, sondern nur die Kommunisten bekämpfen wollten. Außerdem benannten sich die kommunistischen Parteien der Regionen vielfach in Sozialistische Partei um. Inzwischen hat die SPW, die keine Mitgliedsbücher hat und keine Mitgliedsbeiträge einzieht, nur noch 10 000 Mitglieder in 47 Regionen. Ihre Finanzierung erfolgt auf freiwilliger Basis. Es ist insofern unklar, ob die SPW bestehen bleiben wird. Die soziale Basis der Partei bilden die Intellektuellen.

Zur Parteivorsitzenden wurde auf dem II. Parteitag Anfang Juni 1993 Ljudmila Wartasarowa gewählt. Die SPW war mit zehn Deputierten im Volksdeputiertenkongreß in der Fraktion »Kommunisten Rußlands« und in anderen Fraktionen vertreten. Zu den bekanntesten Parteimitgliedern gehören der Vorsitzende des Nationalitätensowjet des Obersten Sowjet der Russischen Föderation, Ramsan Abdulatipow, sein Stellvertreter Witalij Syrowatko, der Vorsitzende der Fraktion »Agrarunion«, Michail Lapschin, der Ko-Koordinator der Fraktion »Kommunisten Rußlands«, Iwan Rybkin, der Ko-Koordinator der Fraktion »Vaterland«, Gennadij Benow, und der Koordinator der Fraktion »Souveränität und Gleichheit«, Umar Temirow.

Die SPW lehnt in ihrem 1991 verabschiedeten Statut das Führungsprinzip des demokratischen Zentralismus ab.[20] Die Regionen erhalten maximale Autonomie, und die Bildung

---
20 Ustaw Sozialistitscheskoj partii trudjaschtschichsja (Statut der Sozialistischen Partei der Werktätigen).

von Fraktionen ist möglich. Für die SPW wäre das gemischte Wahlrecht besser, da die Partei noch nicht so gut organisiert ist, daß sie überall Wahlkampf betreiben könnte.

Mit Unterstützung der SPW und mittels ihrer Strukturen wurde die Kommunistische Partei der Russischen Föderation (KPRF) gegründet. Sie tat das, weil sie das Verbot der KP für verfassungswidrig hielt. Die Entwürfe der Gründungsdokumente der KPRF hatten einen demokratischen Charakter. Die SPW ließ anfangs auch die Doppelmitgliedschaft zu und erwartete, daß die neue KP eine linkssozialistisch-demokratische Partei sein werde. Als die KPRF auf ihrem Gründungsparteitag ein Statut verabschiedete, in dem sie sich zu den alten Grundsätzen der Parteidisziplin und des Verbots der Fraktionsbildung bekannte, ging die SPW zu ihr auf Distanz. Im Unterschied zur KPdSU will die SPW keine extremistischen und radikalen Methoden anwenden. Die SPW tritt mäßigend und pragmatisch auf, der KPRF-Vorsitzende Gennadij Sjuganow verfolgt hingegen die Politik einer konservativen Rückkehr zum Alten. Sein Versuch, die SPW zu vereinnahmen, scheiterte aber an deren Ablehnung.

Die SPW unterhält sehr gute Verbindungen zu ähnlichen Parteien in der Ukraine und in Kasachstan und steht in guter Beziehung zu einer ähnlichen Partei in Georgien. Sie unterhält Auslandskontakte zur PDS, zur KPÖ und zu ähnlichen Parteien in Frankreich und in Spanien. Die SPW gibt seit Oktober 1992 die »Lewaja gaseta« (»Linke Zeitung«) in einer Auflagenhöhe von 25000 heraus.

Zur Zeit unterteilt sich die Parteienlandschaft in Rußland in drei politische Blöcke: in den Jelzin-Block, den zentristischen Block und in den Block der Patrioten/Kommunisten, bei dem die Patrioten nach Ansicht der SPW tonangebend sind. Zum zentristischen Block gehören nicht nur die entsprechenden Parteien, sondern auch die Gewerkschaften, die Unternehmer, die Intelligenz, die Soldatenvereinigung »Schtschit« (»Schild«) und die Frauenverbände. Die neue SPW-Vorsitzende Wartasarowa konstatierte auf dem II. SPW-Parteitag Anfang Juni 1993, daß sich die russische Gesellschaft in einem »kalten Bürgerkrieg« befinde. Sie atomisiere sich, und es gebe Bestrebungen, die von den demokratischen Kräften ausgingen, eine Diktatur zu errichten.[21]

Ziel der SPW ist der Aufbau einer sozialistischen Gesellschaft im Sinne des demokratischen Sozialismus. Sie tritt für die Ideale der Freiheit, Wahrheit, Sittlichkeit und Gerechtigkeit ein. Auf der Grundlage radikaler Reformen soll in Rußland ein Rechtsstaat geschaffen werden. Die Partei beteiligte sich auch an der Verfassungskonferenz im Juni/Juli 1993 in Moskau. Die SPW tritt für ein Rätesystem ein, allerdings mit anderen Funktionen der Räte als die bisherigen Sowjets. In ihrem Wirtschaftsprogramm lehnt die SPW die Reinformen von kapitalistischer Marktwirtschaft und Planwirtschaft ab. Als Orientierungsmodell dient ihr eine gesteuerte Wirtschaft wie in Süd-Korea oder in Japan. Das gesellschaftliche Eigentum soll, so das Programm der SPW, bei den Großbetrieben erhalten bleiben. Die Nationalitätenpolitik sollte in Anlehnung an die jeweilige Situation in den einzelnen Republiken unterschiedlich zugeschnitten sein.

Die Partei geht davon aus, daß aus der GUS eine neue Konföderation entstehen wird; diese sollte, laut Parteiprogramm, ein Staat mit einheitlichen Strukturen sein. Rußland sei traditionell ein europäisches Imperium und deshalb nach Europa orientiert mit einer speziellen Ausrichtung nach China. Die SPW geht von einem multipolaren Weltverständnis aus und nimmt an, daß im 21. Jahrhundert China die Weltsupermacht sein wird.

b) Allunionistische Kommunistische Partei der Bolschewiken

Die »Allunionistische Kommunistische Partei der Bolschewiken« (AKPB)[22] wurde am 8. November 1991 in Leningrad

---

21 Obschtschestwenno-polititscheskaja obstanowka w strane i sadatschi partii. (Doklad na II sesde Sozialititscheskoj partii trudjaschtschichsja) (Die gesellschaftlichpolitische Lage im Lande und die Aufgaben der Partei. [Vortrag auf dem II. Kongreß der Sozialistischen Partei der Werktätigen]).
22 Vgl. W.G. Gelbras (Hrsg.), Kto est schto. Polititscheskaja Moskwa 1993 (Wer ist was. Das politische Moskau 1993), Moskau 1993. Roj Medwedew (Hrsg.), Sprawotschnik. Polititscheskije partii, dwischenija i bloki sowremmenoj Rossii (Nachschlagewerk. Politische Parteien, Bewegungen und Blöcke des modernen Rußland), Moskau 1993. Wladimir Pribylowskij, Slowar nowych polititscheskich partij i organisazij Rossii. Tschetwertyj wariant, isprawlennyj i dopolnenyj (Wörterbuch der neuen

von 178 Delegierten aus Moskau, Leningrad und 19 Autonomen Republiken, Bezirken und Gebieten der RSFSR sowie aus Moldowa, aus Mittelasien, aus den kaukasischen und den baltischen Republiken gegründet. Da die AKPB nur über drei Regionalorganisationen verfügt, ist sie nicht als offizielle Partei registriert. Sie hat 10000 Mitglieder (Stand Februar 1993), die sich vorwiegend aus Angehörigen der technischen Intelligenz, Arbeitern, Rentnern und Armeeangehörigen rekrutiert. Im Juni 1992 gründete die AKPB eine eigene Jugendorganisation, die »Allunionistische Junge Garde der Bolschewiken«.

Die Parteizentrale befindet sich in St. Petersburg, wo auch die Generalsekretärin der AKPB, Nina Andrejewa, lebt. Die Partei gibt die Zeitung »Bolschewik« mit einer Auflage von 1000 Exemplaren heraus. 30 Prozent der Mitgliedsbeiträge verbleiben in der Grundorganisation, 20 Prozent erhält die regionale Parteiorganisation und 50 Prozent gehen an das Zentralkomitee. Die Hymne der Partei ist die Internationale. Die Parteifahne ist die rote Fahne mit Hammer und Sichel und dem fünfzackigen Stern. Die AKPB unterhält Beziehungen zur DKP und zu entsprechenden Parteien in Syrien, Brasilien und Nord-Korea. Generalsekretärin Andrejewa leitete im April 1992 eine Delegation des ZK der AKPB nach Nord-Korea anläßlich des 80. Geburtstages des nord-koreanischen Kommunistenführers Kim Il-Sung.

Die AKPB ist, wie früher die KPdSU, nach dem Prinzip des »demokratischen Zentralismus« strukturiert. Das höchste Organ der Partei ist der Parteitag, der alle drei Jahre stattfindet. Oberstes Ziel der Partei, die sich zur Lehre des Marxismus-Leninismus bekennt, ist der Aufbau des Sozialismus und Kommunismus und die Wiederherstellung der UdSSR. In der Wirtschaft tritt die AKPB für die Herrschaft des sozialistischen Eigentums in der Industrie und des kollektiven Kolchoseigentums auf dem Lande sowie für die Planwirtschaft ein. Sie verfolgt die Rückkehr zum Leninschen Föderationsvertrag von 1922. Die Verfügungsgewalt über die Massenmedien sowie über Bildungs- und Kultureinrichtun-

---

politischen Parteien und Organisationen Rußlands, Vierte berichtigte und ergänzte Auflage), Moskau 1993. Vera Tolz, Wendy Slater/Alexander Rahr, Profiles of the Main Political Blocs, in: RFE/RL Research Report, 20/1993, S. 16–25.

gen soll dem Staat allein obliegen. Ihre Ziele will die Partei vor allem durch das Mittel des politischen Streiks erreichen. Bei diesem politischen Programm mag es nicht verwundern, daß die AKPB die Putschisten unterstützt hat.

c) Russische Kommunistische Arbeiterpartei

Die Gründung der »Russischen Kommunistischen Arbeiterpartei« (RKAP) als einer kommunistischen Nachfolgeorganisation der Russischen Föderation, nicht der UdSSR, erfolgte kurz nach der der AKPB am 23./24. November 1991 in Swerdlowsk. Am Gründungskongreß nahmen 525 Delegierte aus neun Autonomen Republiken, vier Bezirken sowie aus allen Gebieten und wichtigen Industriezentren der Russischen Föderation teil. Der Gründungskongreß verabschiedete ein Statut und Programmthesen. Die zweite Etappe des Gründungsparteitages wurde am 5./6. Dezember 1992 mit 278 Delegierten in Tscheljabinsk durchgeführt. Die RKAP wurde am 9. Januar 1992 registriert; sie zählte im Februar 1993 80000 Mitglieder, vorwiegend Akademiker, Arbeiter, Kolchosbauern, Armeeangehörige, Angehörige der Rechtsschutzorgane, Rentner und Arbeitslose.

Das bekannteste Führungsmitglied der Partei ist Wiktor Anpilow, der am 1. Mai 1993 zusammen mit der »Front zur nationalen Rettung« an der Anti-Jelzin-Demonstration in Moskau teilnahm, bei der es bei blutigen Zusammenstößen mit der Polizei zu einem Toten und 385 Verwundeten kam.[23] Dem Führungskreis der RKAP gehören allein fünf Deputierte des Volkskongresses der Russischen Föderation an: Michail Alexandrow, Igor Batischtschew, Nikolaj Kaschin, Jurij Slobodkin und Dmitrij Stepanow. Zur RKAP gehört auch Generaloberst a. D. Albert Makaschow, der am 12. Juni 1991 vergeblich gegen Jelzin für das Amt des Präsidenten der Russischen Föderation kandidierte. Die RKAP, die ebenfalls die Internationale als Hymne hat, veranstaltet jeden Sonntagvormittag zusammen mit Monarchisten an der Rückseite des Lenin-Museums am Roten Platz in Moskau eine kleine Demonstration. Zu deren Begleiterscheinungen gehören neben

---

23 Der Spiegel, 19/1993, S. 161.

roten Fahnen, Reden sowie Zeitungs- und Buchständen gewöhnlich auch antisemitische Plakate an der Hauswand des Gebäudes.

In der RKAP kann man schon mit 16 Jahren Mitglied werden. Die Parteitage finden jährlich statt. Die Parteigrundorganisation behält 60 Prozent der Mitgliedsbeiträge, der Rest steht je zur Hälfte der regionalen Parteiorganisation und dem Zentralkomitee zu. Die RKAP gibt das Parteiorgan »Molnija« (»Blitz«) heraus.

Auch diese kommunistische Nachfolgepartei bekennt sich zum »demokratischen Zentralismus«. Die Partei strebt die Wiederherstellung der Sowjetmacht als Macht der Werktätigen an: Die Produktionsmittel sollen wieder in der Hand der Werktätigen sein. Deren Kollektive sollen Organe der Selbstverwaltung bilden, zu denen auch Streikkomitees, Arbeiterkomitees und Arbeiterräte gehören. Trotz ihrer Oppositionshaltung beteiligte sich die Partei an der Verfassungskonferenz im Juni/Juli 1993 in Moskau.[24]

Wegen Anführerschaft bei dem gewaltsamen Putschversuch gegen Jelzin Anfang Oktober 1993 wurden Anpilow und Makaschow verhaftet und ihre Partei vom russischen Präsidenten verboten.

d) Russische Partei der Kommunisten

Die »Russische Partei der Kommunisten« (RPK) wurde am 14./15. Dezember 1991 in Schelsnodoroschnyj im Gebiet Moskau von 135 Delegierten aus Moskau, St. Petersburg, Karelien, Nord-Ossetien, Gornyj Altaj sowie aus den Gebieten Tscheljabinsk, Rjasan und Wolgograd gegründet. 70 Prozent der Delegierten des Gründungskongresses waren Anhänger der »Marxistischen Plattform der KPdSU«. 60 Prozent der Delegierten waren seit mehr als 20 Jahren und über 24 Prozent zwischen elf bis 20 Jahren Mitglied der KPdSU. 28 Prozent der Gründungsdelegierten waren wissenschaftliche Mitarbeiter, Lehrer und Vertreter der Intelligenz, 23 Prozent Ingenieure und Techniker, 18 Prozent Rentner,

---

24 Rossijskije westi (Russische Nachrichten), 5. 6. 1993.

elf Prozent Arbeiter, sieben Prozent KPdSU- und Gewerkschaftsfunktionäre, sechs Prozent Angehörige der Streitkräfte und der Rechtsschutzorgane und fünf Prozent Betriebsdirektoren; die Kolchosbauern fehlten völlig. Der Gründungskongreß verabschiedete ein Statut und eine Programmerklärung. Am 18. März 1992 wurde die RPK beim russischen Justizministerium registriert. Im Dezember 1992 konnte die Partei 5000 Mitglieder verzeichnen, vorrangig Akademiker, Angestellte und Arbeiter. Auch diese Partei ermöglicht schon Sechzehnjährigen die Mitgliedschaft.

Zum Vorsitzenden des Politrates der Führungsorgane der RPK und damit zum Parteivorsitzenden wurde im Mai 1992 Anatolij Krjutschkow gewählt. Auf dem ersten Parteitag am 5./6. Dezember 1992 in Moskau sprachen als Gäste Vertreter der »Union der Kommunisten«, der SPW, der »Sozialistischen Partei der Ukraine«, der »Partei der Kommunisten der Ukraine« und der »Sozialistischen Partei Moldowas«. Die Partei gibt die beiden Zeitungen »Mysl« (»Gedanke«) – ehemals Organ der »Marxistischen Plattform der KPdSU« – mit einer Auflage von 1000–5000 Exemplaren und seit Mai 1992 »Rossijskaja prawda« (»Russische Wahrheit«) mit einer Auflage von 1000–10000 Exemplaren heraus.

Die RPK gehört zu den Initiatoren des ersten Treffens der Führer der kommunistischen und Arbeiterparteien am 17. Januar 1992, dem am 21. Februar 1992 ein zweites Treffen folgte. Die Partei ist für die Einberufung einer Allrussischen Konferenz der Parteien und Vereinigungen kommunistischer und sozialistischer Orientierung. Zum II. Parteitag der »Kommunistischen Partei der Russischen Föderation« am 13./14. Februar 1993 entsandte die RPK eine Delegation.

Die ersten drei Kapitel des Parteiprogramms wurden von einer Redaktionskommission der Führungsorgane der RPK am 26./27. Dezember 1992 fertiggestellt. Die Partei will die Gesellschaft auf den sozialistischen Entwicklungsweg zurückbringen. Die Partei erklärt in ihrem Programm den Marxismus-Leninismus wieder zur führenden Ideologie und strebt eine Wiedererrichtung des Systems der Sowjets an.

e) Union der Kommunisten

Die »Union der Kommunisten« (UdK) wurde im Frühjahr 1992 gegründet. Sie entstand aus dem linken Flügel der »Marxistischen Plattform der KPdSU«. An ihrem ersten Parteitag am 25./26. April 1992 in Moskau nahmen 82 Delegierte und 116 Gäste aus Rußland, der Ukraine, aus Usbekistan, Kasachstan, Tadschikistan und dem Baltikum teil sowie aus Brasilien und aus Deutschland. Auf diesem Parteitag wurden ein Statut und eine Resolution verabschiedet. Die Partei wurde am 28. September 1992 registriert und zählt 10000 Mitglieder aus 50 Regionen. Die UdK gibt die Zeitung »Golos kommunista« (»Stimme des Kommunisten«) mit einer Auflage von 20000 Exemplaren heraus. Über die Aktivitäten der Partei berichten außerdem regelmäßig die Zeitungen »Prawda« (»Wahrheit«) und »Sowetskaja Rossija« (»Sowjetrußland«).

Auf Initiative der »Union der Kommunisten« fand am 26./27. März 1993 im Moskauer Kino »Orion« der XXIX. Parteitag der KPdSU statt. An ihm nahmen 416 Delegierte aus allen ehemaligen Unionsrepubliken der UdSSR teil mit Ausnahme von Weißrußland. Rußland stellte 247 Delegierte aus 56 Regionen und die Ukraine 80 Entsandte. Auf dem Parteitag wurde die Reorganisation der KPdSU im Rahmen der »Union der Kommunisten« und deren Umbenennung in »Union der kommunistischen Parteien – KPdSU (UKP-KPdSU)« beschlossen; diese soll ein Dach für alle kommunistischen Parteien bilden.[25] Trotz vielfacher Bemühungen ist die KPRF als Partei der UKP-KPdSU bisher nicht beigetreten.

Der Parteitag beschloß ein Statut und ein Programm und wählte einen Rat (Sowjet) und ein Exekutivkomitee. Diesem Rat gehört auch Oberstleutnant Stanislaw Terechow an, der Vorsitzende des rechten Allrussischen Offiziersverbandes. Terechow gehörte zu den Initiatoren der Kundgebung am 1. Mai 1993 in Moskau, die in einer Straßenschlacht endete.[26] Fünf Plätze im Rat wurden für Offiziere reserviert, die sich nach geltendem Recht nicht politisch betätigen dürfen. Zum

---

25 Nesawissimaja gaseta (Unabhängige Zeitung), 30. 3. 1993.
26 Moskau News, 6/1993, S. 3.

Leiter des Exekutivkomitees wurde der Putschist Oleg Schenin gewählt; Mitglieder des Rates wurden unter anderem das pensionierte ehemalige Politbüro-Mitglied Jegor Ligatschow sowie der Putschist Walentin Pawlow, bis zum 21. August 1991 sowjetischer Ministerpräsident.

Auf dem Parteitag wurde nach den Gründen für den »Niedergang der KPdSU« und den Zerfall der Sowjetunion gesucht. Für diesen Niedergang habe es keine objektiven, sondern nur subjektive Gründe gegeben, so das Fazit. Er sei vor allem das Werk von imperialistischen Einflußagenten. Im Wirtschaftsteil des auf dem Parteitag angenommenen IV. Parteiprogramms wird die Beschlagnahmung der schon in Privateigentum übergegangenen Vermögenswerte und die Einführung einer provisorischen Zwangsbewirtschaftung der Grundbedarfsgüter für die Werktätigen gefordert. Als Zeitpunkt für die Renaissance der Sowjetunion wird eine Frist von drei bis vier Jahren angesetzt, bis die Werktätigen wieder an die Macht gelangt sind. Was die Konten der KPdSU betreffe, so seien sie augenblicklich gesperrt und somit vor Plünderungen geschützt. Der Parteitag beschloß außerdem in bezug auf die ehemaligen KPdSU-Immobilien, diese wieder selbst zu übernehmen und gegebenenfalls zu vermieten.[27]

f) Partei der Arbeit

Die »Partei der Arbeit« (PdA) wurde von verschiedenen linken Gruppierungen, vor allem von Anarcho-Syndikalisten und Teilen der »Marxistischen Plattform in der KPdSU«[28], am 9./10. Oktober 1992 in Moskau gegründet. Der Gründungskongreß verabschiedete ein Statut und Programmthesen. Die Partei ist in 17 Regionen Rußlands vertreten. Parteivorsitzender ist der Volksdeputierte Oleg Smolin. Stärker ist die Partei im Mossowjet vertreten: Zehn Deputierte bilden im Parlament der Hauptstadt die Fraktion »Arbeit«. Zu den Führungsmitgliedern der Partei gehören Andrej Isajew, Chefredakteur des Informationszentrums der Gewerkschaf-

---

27 Moskau News, 5/1993, S. 5.
28 Vgl. dazu: Ot marksistskoj platformy w KPSS k partii truda (Von der marxistischen Plattform in der KPdSU zur Partei der Arbeit), in: Obschtschestwennye nauki i sowremennost (Sozialwissenschaften und Gegenwart), 3/1992, S. 57–68.

ten, und Boris Kargalizkij, der von 1981 bis zum Tode Breschnews 1982 inhaftiert war wegen Samisdat-Tätigkeit. Über die Mitgliederzahl liegen keine Angaben vor. Vor allem Ingenieure, Lehrer, hochqualifizierte Facharbeiter und junge Geisteswissenschaftler fühlen sich vom Programm der PdA angesprochen.

Die PdA unterhält Verbindungen zur SPD und PDS in Deutschland, zur Österreichischen Sozialistischen Partei, zur britischen Labour-Partei, zur Schwedischen Sozialdemokratischen Arbeiterpartei, zur Sozialistischen Links Partei Norwegens, zur Polnischen Sozialistischen Partei und zur Arbeitsunion Polens, zur Ungarischen Sozialistischen Partei, zur Demokratischen Partei der Arbeit Litauens sowie zur Sozialdemokratischen Partei Litauens. Sie tritt für die »demokratischen und sozialistischen Werte der Weltarbeiter- und linken Bewegung« ein und strebt nach einer maximalen Verbesserung der Lage der Werktätigen. Das von einigen vorgeschlagene Wirtschaftsmodell Pinochet – Marktwirtschaft plus politische Diktatur – wurde vom Vorsitzenden des Parteirates, Oleg Smolin, abgelehnt.[29]

g) Kommunistische Partei der Russischen Föderation

Am 24. März 1993 wurde die »Kommunistische Partei der Russischen Föderation« (KPRF) durch ihre Registrierung beim russischen Justizministerium wiederbelebt.[30] Die ehemaligen kommunistischen Parteien bestehen offiziell ebenfalls in Weißrußland und seit Mai 1993 auch in der Ukraine. Am 20. Juni 1993 hielt die KP der Ukraine in Donezk ihren Gründungsparteitag ab.

Auf dem II. (außerordentlichen) KPRF-Parteitag am 13./14. Februar 1993 in einem Vorort von Moskau wählten die 651 Delegierten Gennadij Sjuganow zum Vorsitzenden des Zentralen Exekutivkomitees, das 89 Vertreter zählt, und damit zum Parteichef. Sjuganow war bis 1990 Stellvertretender Leiter der Ideologischen Abteilung des ZK der KPdSU und dann Mitglied des Politbüros sowie des Sekretariats des

---

29 Prawda (Wahrheit), 28. 11. 1992.
30 Nesawissimaja gaseta (Unabhängige Zeitung), 30. 3. 1993.

ZK der KP der RSFSR.³¹ Zu einem der sechs Stellvertretenden Vorsitzenden des Zentralen Exekutivkomitees wurde Walentin Kupzow gewählt.³² Kupzow war der letzte Parteichef der KP der RSFSR, nachdem sein Vorgänger Poloskow am 6. August 1991 – wenige Tage vor dem Putsch – zurückgetreten war.

An dem II. Parteikongreß nahmen auch ehemalige Putschisten teil: Anatolij Lukjanow (bis zum Putsch Vorsitzender des Präsidiums des Obersten Sowjet der UdSSR), Wladimir Krjutschkow (bis zum Putsch Chef des KGB der UdSSR), Wassilij Starodubzew, Oleg Schenin (ehemaliges Mitglied des Politbüros und des Sekretariats des ZK der KPdSU) und Gennadij Janajew (bis zum Putsch Vizepräsident der UdSSR).³³

Aufschlußreich ist das soziologische Durchschnittsprofil der Delegierten dieses Parteitags: mehrheitlich 30 bis 45 Jahre alt, mit Hochschulbildung, in der Industrie, im Bau- oder im Transportwesen tätig, sieben Jahre KPdSU-Mitglied und Mitglied eines Parteigremiums. Die Daten im einzelnen: Die stärkste Altersgruppe bildeten die 30- bis 45jährigen mit 273 Delegierten (41,9%), zu den 45- bis 50jährigen zählten 111 (17,1%) Delegierte, und 171 (26,3%) waren zwischen 50 bis 60 Jahre alt. 544 (83,6%) hatten einen Hochschulabschluß und 91 (14,0%) mittlere bzw. technische Spezialbildung. 217 (33,3%) kamen aus der Industrie, aus dem Bau- und aus dem Transportwesen, 130 (20,0%) gehörten den geisteswissenschaftlichen Bereichen an, 59 (9,1%) waren in der Landwirtschaft tätig und 150 (23,0%) waren Leiter oder Vorsitzende von gesellschaftlichen Organisationen. Unter den Delegierten waren insgesamt 257 Deputierte (39,5%): 65 des russischen Volkskongresses und 192 der örtlichen Sowjets. 508 (78,0%) gehörten nicht weniger als sieben Jahre der KPdSU an, und 503 (77,3%) der Delegierten waren oder sind wieder Mitglied gewählter Parteiorgane.³⁴

In ihrem Statut bekennt sich die Partei zum demokratischen Zentralismus.³⁵ In seinem Programmreferat auf dem II. Par-

---

31 Iswestija (Nachrichten), 16. 2. 1993.
32 Nesawissimaja gaseta (Unabhängige Zeitung), 16. 2. 1993.
33 Iswestija (Nachrichten), 16. 2. 1993.
34 Nesawissimaja gaseta (Unabhängige Zeitung), 16. 2. 1993.
35 Nesawissimaja gaseta (Unabhängige Zeitung), 26. 3. 1993.

teitag forderte Kupzow im Interesse einer funktionierenden Wirtschaft den Abbruch des von der Regierung initiierten Privatisierungsprogramms und die Rückkehr zu einer staatlichen Lenkung der Wirtschaft. Er führte China als Beispiel dafür an, daß »Markt und Sozialismus« durchaus vereinbar seien. Der einzige Weg zur Wiedergeburt Rußlands sei die Wiederherstellung der Sowjetmacht und des sozialistischen Systems.[36]

Auf einer Pressekonferenz erklärte Sjuganow am 31. März 1993, daß seine Partei bereits über 600000 Mitglieder verfüge; die KPRF ist somit die größte Partei der Russischen Föderation. Die wiederbelebte KP hat noch kein eigenes Parteiprogramm, verfügt aber über einen geschickten Taktiker an ihrer Spitze. Die Partei strebt den Sturz Jelzins an und erhofft sich von baldigen Neuwahlen ein gutes Ergebnis. Die Kommunisten dieser Partei haben keine Schwierigkeiten, mit der »Front der nationalen Rettung« zusammenzugehen; Sjuganow ist ihr Ko-Vorsitzender.[37] Mit Blick auf die vorgezogene Parlamentsneuwahl bot Sjuganow der zum Zentrum gehörenden »Bürgerunion« eine Koalition an.[38] Die Partei beteiligte sich auch an der Verfassungskonferenz in Moskau im Juni/Juli 1993. Die KPRF erhebt auf einen Teil des Vermögens der KPdSU Anspruch.[39] Bis Ende 1993 strebt sie eine Mitgliederzahl von zirka einer Million an. Dabei kann sie sich auf ihren ehemaligen Parteiapparat stützen, der – obwohl offiziell aufgelöst – überall im Lande noch vorhanden ist.

2. Linksparteien

Kurz nach dem XXVIII. Parteitag der KPdSU traten am 14. Juli 1990 die Vertreter der reformorientierten »Demokratischen Plattform in der KPdSU« aus der KPdSU aus, weil sie sich mit ihren Positionen auf dem Kongreß nicht durchsetzen konnten. Auch die andere Variante einer Umwandlung

---

36 Frankfurter Allgemeine Zeitung, 15. 2. 1993.
37 Nesawissimaja gaseta (Unabhängige Zeitung), 16. 2. 1993.
38 ITAR-TASS, 31. 5. 1993.
39 RFE/RL Research Daily Report, 1. 4. 1993. Russisches Fernsehen, 15. 2. 1993. ITAR-TASS russ., 17. 2. 1993. Frankfurter Allgemeine Zeitung, 27. 3. 1993.

der KPdSU in eine Föderation kommunistischer Republikparteien hatte keinen Erfolg. Die Anhänger der »Demokratischen Plattform in der KPdSU« gründeten in Rußland und in der Ukraine jeweils eine neue Partei: die »Republikanische Partei der Russischen Föderation« und die »Partei der demokratischen Wiedergeburt der Ukraine«.

a) Republikanische Partei der Russischen Föderation

Die Anhänger der »Demokratischen Plattform in der KPdSU« der RSFSR führten am 17./18. November 1990 in Moskau den Gründungsparteitag der »Republikanischen Partei der Russischen Föderation« (RPRF) durch. Die 293 Delegierten kamen aus 50 Republiken, Bezirken und Gebieten Rußlands und waren zu vier Prozent Deputierte der Volkskongresse der UdSSR sowie der RSFSR und zu zwei Prozent Vertreter der örtlichen Sowjets. 40 Prozent der Delegierten waren in den Bereichen Kultur, Bildung, Wissenschaft und Gesundheitswesen beschäftigt, 21 Prozent waren Spezialisten aus der Industrie, 19 Prozent arbeiteten in staatlichen Einrichtungen, sieben Prozent waren Arbeiter, drei Prozent Armeeangehörige und Mitarbeiter der Rechtsschutzorgane, drei Prozent Rentner und ein Prozent Studenten. Über 90 Prozent der Delegierten konnten einen Hochschulabschluß vorweisen.

Vorsitzender des Politrates und somit Parteivorsitzender wurde Wjatscheslaw Schostakowskij. Die Partei wurde am 14. November 1990 registriert und am 14. März 1991 umregistriert. Sie zählt 15000 Mitglieder, vorrangig Akademiker, Facharbeiter und Unternehmer, in 460 regionalen Organisationen. Acht RPRF-Angehörige sind Volksdeputierte: Wiktor Balala, Wiktor Below, Grigorij Bondarew, Petr Filippow, Anatolij Kobsew, Jewgenij Kusnezow, Wassilij Lunin und Wladimir Lyssenko. Fünf weitere RPRF-Mitglieder sind Vertreter des Präsidenten in Gebieten der Russischen Föderation. In vielen Großstädten stellt die Partei den Bürgermeister, die Vorsitzenden des jeweiligen Sowjet und deren leitende Mitarbeiter.

Der II. Parteitag der RPRF fand im Juni 1991 statt. Der III. Parteitag am 27./28. Juni 1992 wurde in Moskau in den

Räumen der Gorbatschow-Stiftung durchgeführt. Auf ihm wurde das Programm »Die Zukunft Rußlands« verabschiedet. Politisches Ziel der RPRF ist die Wiedergeburt der Russischen Föderation, die Schaffung einer Bürgergesellschaft sowie eines Rechtsstaates auf der Grundlage der Menschenrechte, der Prinzipien der politischen und ökonomischen Freiheit, der parlamentarischen Demokratie und der Solidarität. Ihre politischen Ziele will die RPRF gewaltlos, auf demokratische Weise und durch substantielle Reformen erreichen, wobei der gesunde Menschenverstand Vorrang haben soll vor ideologischen Grundsätzen.

Die RPRF unterstützt die Ausarbeitung einer neuen Verfassung, die Bildung einer Koalitionsregierung des Volksvertrauens und den Übergang vom System der Sowjets zu einer echten parlamentarischen Demokratie. Im Oktober 1992 war die RPRF jedoch gegen den Versuch der Bewegung »Demokratisches Rußland«, eine Unterschriftensammlung für ein Referendum über vorgezogene Parlamentswahlen zu organisieren, sowie gegen die Einberufung einer Verfassungsgebenden Versammlung. Jede Nation hat, laut dem Programm der RPRF, ein Recht auf Selbstbestimmung und Souveränität; für Rußland ist eine Organisation auf föderativer Grundlage vorgesehen. Wladimir Lyssenko beteiligte sich im Auftrag der RPRF an der Verfassungskonferenz Juni/Juli 1993 in Moskau.

Das Wirtschaftsprogramm der RPRF sieht den Übergang zur Marktwirtschaft unter Gleichberechtigung aller Eigentumsformen vor. Bei der Privatisierung – auch des Bodens – sollen die Bürger nur einen symbolischen Preis zahlen. Vorrangiges Anliegen der Partei ist die Sicherstellung gleicher Startbedingungen für alle. Das hohe Niveau der staatlichen Leistungen im Bereich der Sozialpolitik soll soweit wie möglich erhalten bleiben. Es soll ein effektives Bildungs- und Gesundheitssystem geschaffen werden. Auch die ökologische Sicherheit ist zu gewährleisten.

Am 18. November 1990 faßte die RPRF einen Beschluß über ihr Verhältnis zur SDPR. Darin wird die Bildung einer gemeinsamen Fraktion in den Sowjets mit den Deputierten der SDPR vorgeschlagen. In St. Petersburg entstand so die stärkste Fraktion des Stadtparlaments. Ihr gehören 22 der

378 Deputierten an. Die meisten ihrer Mitglieder sind Intellektuelle. Darüber hinaus wurde die Gründung einer Kommission unter Leitung der Parteivorsitzenden beschlossen, welche die Möglichkeiten einer Vereinigung beider Parteien untersuchen sollte. Inzwischen ist die Mehrheit der RPRF-Mitglieder jedoch gegen eine Vereinigung mit der SDPR. Hinzu kommt, daß die RPRF angesichts der einander kritisierenden liberal-konservativen, sozial-liberalen und populistischen Strömungen innerhalb der Partei vor der Gefahr einer Spaltung steht. Ein Teil der Regionalorganisationen der Partei ist Mitglied der Bewegung »Demokratisches Rußland«, ein Teil der »Bürgerunion«, und ein Teil strebt die gleichzeitige Mitgliedschaft in der »Volkspartei Freies Rußland« an. Die ganze Partei ist der Bewegung »Demokratische Wahl« beigetreten. 1992 spaltete sich die Moskauer Fraktion ab und bildete die »Russische sozial-liberale Partei«. Für ihre Jugendarbeit gründete die RPRF am 8. Februar 1992 die Organisation »Junge Republikaner«. Die RPRF gibt die Zeitungen »Gospodin narod« (wörtlich übersetzt »Herr Volk«) mit einer Auflage von 100 000 Exemplaren und »Republikanez« (»Republikaner«) mit einer Auflage von 20 000 Exemplaren heraus.

b) Partei der demokratischen Wiedergeburt der Ukraine

Die Vertreter der »Demokratischen Plattform in der KPdSU« in der Ukraine gründeten am 1. Dezember 1990 in Kiew die »Partei der demokratischen Wiedergeburt der Ukraine« (PDWU). Unter den 324 Gründungsdelegierten waren ein Deputierter des Volkskongresses der UdSSR, 18 des ukrainischen Obersten Sowjet und 58 der örtlichen Sowjets. 64 Prozent der Delegierten waren Angestellte und 17 Prozent wissenschaftliche Mitarbeiter. 83 Prozent hatten einen Hochschulabschluß.[40]

Auf dem Gründungsparteitag wurden sieben Ko-Vorsitzende gewählt. Inzwischen wird die Partei von einem Vorsitzenden

---

40 Kommunist Ukrainy (Kommunist der Ukraine), 5/1991, S. 110ff. Partija demokratitscheskogo wosroschedenija Ukrainy (Partei der demokratischen Wiedergeburt der Ukraine) (Hrsg.), Materialy utschreditelnogo sesda (Materialien des Grün-

geführt, dem Deputierten des Obersten Sowjet der Ukraine Wladimir Filenko. Im Parlament ist die Partei mit 25 weiteren Deputierten (von insgesamt 450) vertreten. Die PDWU stellt somit im Parlament die größte Fraktion und arbeitet ebenfalls mit dem Bündnis »Neue Ukraine« zusammen.

Die PDWU arbeitet eng mit der RPRF zusammen. Grundsätzliche programmatische Unterschiede zur RPRF bestehen nicht. Allerdings betont das Programm der PDWU das Streben nach einem wirklich unabhängigen, demokratischen und souveränen ukrainischen Staat, der die Prinzipien des Humanismus, der Freiheit und der sozialen Gerechtigkeit, der Unverzichtbarkeit der Menschenrechte sowie die Vorherrschaft des Gesetzes respektiert.

Die PDWU tritt für ein Mehrparteiensystem und ein echtes demokratisches Wahlsystem ein. Beim Übergang zu einer sozial orientierten Marktwirtschaft fordert die Partei unter anderem das Recht eines jeden Bürgers auf Eigentum und freie unternehmerische Tätigkeit. Gefordert wird außerdem die Aufhebung des staatlichen Monopols auf Eigentum sowie auf dessen Leitung und Verteilung. Der Staat solle sich nur noch im Falle äußerster Notwendigkeit in die Wirtschaft einmischen. Der Ukraine gebührt das Eigentumsrecht an ihren Naturreichtümern und das ausschließliche Recht zur Regelung der Wirtschaftsbeziehungen auf ihrem Territorium einschließlich Finanzen, Budget, Preisgestaltung, Steuern, Zöllen und Außenwirtschaftsbeziehungen. Die PDWU ist laut Eigendefinition nicht-kommunistisch, aber auch nicht antikommunistisch. In ihr herrschen zwei Grundströmungen: eine sozialdemokratische und eine liberal-demokratische. 80 Prozent der Parteimitglieder rechnen sich dem sozialdemokratischen Flügel zu. Die Mitgliederzahl der PDWU, die Mitglied der ukrainischen Bewegung »Ruch« ist, beläuft sich auf 3000.

---

dungskongresses), Kiew 1990. Political Parties, Social Organizations and Bodies of State Authority in the USSR. A Guide. Part one: Political parties in the USSR, Nischnyj Nowgorod 1991.

3. Umweltparteien

a) Russische Partei der Grünen

Die »Russische Partei der Grünen« (RPG) wurde am 26. Mai 1991 gegründet. Auf dem Gründungskongreß wurden eine programmatische Deklaration und ein Statut verabschiedet.[41] Die Partei mit einer Mitgliederzahl von 1500 verfügt nur über 37 Organisationen und konnte sich deshalb noch nicht offiziell registrieren lassen. Die Moskauer Parteiorganisation stellt 50 Prozent der RPG-Mitglieder. Im Volkskongreß ist die RPG nicht vertreten; im Moskauer Stadtsowjet sitzen zwei Abgeordnete der Partei.

Die RPG wird von 15 Ko-Vorsitzenden geführt, die jeweils eine Region vertreten. Der Ko-Vorsitzende, der zugleich die wichtige Moskauer Parteiorganisation repräsentiert, ist Aleksandr Schubin. Schubin, der früher mit der Konföderation der Anarchosyndikalisten zusammengearbeitet hat, nahm auch an der Verfassungskonferenz teil. Die Regionen verfügen in der RPG über ein hohes Maß an Autonomie, weshalb auch diese große Zahl an Ko-Vorsitzenden erforderlich ist. Die RPG hat sich dem Rotationsprinzip verpflichtet; sie vertritt die soziale Mittelschicht und soziale Randgruppen wie Rentner und Studenten. Die Partei gibt die Monatszeitschrift »Selenyj krest« (»Grünes Kreuz«) heraus.

Die RPG versteht sich als eine linke Partei. Sie ist gemäßigt sozialistisch, tritt gegen das große Kapital und für das Nebeneinanderbestehen verschiedener Eigentumsformen ein. Die RPG läßt sich von folgenden Prinzipien leiten: Unabhängigkeit, Selbstverwaltung und die Respektierung der Menschenrechte. Die Partei hat keinen Einfluß auf die Staatspolitik und bekommt keine finanzielle Unterstützung.

Die RPG bestand bisher aus zwei Flügeln: dem liberalen Pro-Jelzin-Flügel und dem Flügel der demokratischen Sozialisten, der gegen Jelzin ist. Inzwischen hat sich die RPG insgesamt gegen Jelzin gewendet. 90 Prozent der RPG-Mitglieder sind für eine parlamentarische Republik. Die RPG unter-

---

41 Deklarazija utschreditelnoj konferenzii Rossijskoj Partii selenych (RPS) [Deklaration der Gründungskonferenz der Russischen Partei der Grünen (RPS)]. Ustaw Rossijskoj partii selenych (Statut der Russischen Partei der Grünen).

stützt die Kommunisten und bildet mit ihnen zuweilen gemeinsame Organisationsformen. Die Kommunisten sind heute nach Ansicht der RPG nicht mehr die ehemaligen Nomenklaturisten, die inzwischen alle Zentristen geworden sind. Zu den Kommunisten gehören heute nach Meinung der russischen Grünen, wenn überhaupt, nur noch kleine Funktionäre. Die meisten Kommunisten sind, so wie die RPG, Angehörige sozialer Randgruppen.

Die RPG möchte, laut ihrer programmatischen Gründungsdeklaration, der Menschheit eine Alternative in ihrem Überlebenskampf bieten. Sie strebt eine Gesellschaft an, die formiert wird auf der Grundlage der menschlichen Freiheit, der Gleichheit und der Solidarität in Harmonie mit der Natur. Die russischen Grünen vertreten einen ökologischen Humanismus. Sie widersetzen sich allen Bestrebungen der Herrschaft des Menschen über den Menschen und des Menschen über die Natur. Laut Programm ist die Wiederherstellung der Harmonie zwischen dem Menschen und der Natur nur auf der Grundlage der Harmonie zwischen den Menschen möglich. Dies verlangt die Aufhebung des Monopols der Ministerien über die Naturressourcen und die Übergabe der Verfügung über die Ressourcen an die Regionen. Ferner, so das Programm, ist eine völlige Umstrukturierung der Wirtschaft nötig: Demonopolisierung, Dezentralisierung, struktureller Umbau und Umwandlung der Betriebe.

In der Nationalitätenfrage sollte die Bevölkerung selbst entscheiden. Allerdings müsse über diese Fragen jeweils ein Referendum durchgeführt werden, da die regionalen Parlamente nicht demokratisch gewählt seien. Die RPG tritt für die Selbstbestimmung der Territorien, nicht der Ethnien, ein; also beispielsweise für die Selbstbestimmung Tatarstans, nicht aber für die Selbstbestimmung der Tataren, weil in Tatarstan außer den Tataren auch andere Nationalitäten leben.

b) *Partei der Grünen der Ukraine*

Die »Partei der Grünen der Ukraine« (PGU) wurde auf dem ersten Parteitag vom 28. bis zum 30. September 1990 in Kiew gegründet. Der Gründungsparteitag, an dem 106 Delegierte aus fast allen Regionen der Ukraine teilnahmen, beschloß

Statut und Programm der Partei und wählte den Deputierten des Obersten Sowjet, Jurij Schtscherbak, zum Parteivorsitzenden. Die PGU mit 7000 Mitgliedern ist eine registrierte Partei; sie gibt die Zeitung »Selenyj swit« heraus.

Die PGU strebt den Aufbau einer bürgerlichen Gesellschaft an und setzt sich für die Übernahme der Menschenrechtsdeklaration der Vereinten Nationen und anderer ähnlicher internationaler Vereinbarungen in das ukrainische Gesetz ein. Die Partei engagiert sich für den schrittweisen Übergang zur örtlichen und sozialen Selbstverwaltung. Sie befürwortet die Einführung der Referendumsmöglichkeit auf allen Ebenen als Instrument der Gesetzgebung. Alle Eigentumsformen sollen nebeneinander bestehen, geistiges Eigentum miteingeschlossen. Die Wirtschaft soll demonopolisiert und dezentralisiert sowie weitgehend privatisiert werden. Die am meisten benachteiligten Bevölkerungs- und Randgruppen, wie Frauen, Kinder, Jugendliche und Rentner, sollen durch besondere Gesetzgebung geschützt werden.

4. Sozialdemokratische Parteien

a) Sozialdemokratische Partei der Russischen Föderation

Die Gründung einer »Sozialdemokratischen Partei der Russischen Föderation« (SDPR) wurde politisch vorbereitet durch die Bildung des Klubs »Perestrojka«[42] im Februar 1987 in Moskau. Dieser Klub entwickelte sich 1988 weiter zum Klub »Demokratische Perestrojka«. Maßgeblich an dieser Entwicklung beteiligt waren Wissenschaftler des Zentralen ökonomisch-mathematischen Instituts und des Instituts für die Wirtschaft des sozialistischen Weltsystems der Akademie der Wissenschaften der UdSSR in Moskau (»Bogomolow-Institut«, inzwischen umbenannt in Institut für internationale ökonomische und politische Forschungen der Russischen Akademie der Wissenschaften). Diese Klubarbeit mündete vier Monate nach den ersten geheimen Wahlen für den Kongreß der Volksdeputierten der UdSSR im März 1989 in die

---

42 Vgl. dazu auch: Igor Chubais, The Democratic Opposition: An Insider's View. RFE/RL Research Institute (Hrsg.), Report on the USSR, 18/1991, S. 4–15.

Gründung der »Interregionalen Gruppe« der Deputierten[43]. Ein wichtiger Schritt zur Gründung der SDPR war die Bildung einer Sozial-demokratischen Assoziation Mitte Januar 1990 in der estnischen Hauptstadt Tallinn.

Der Gründungsparteitag der SDPR fand vom 4. bis 6. Mai 1990 in Moskau statt. Die SDPR wollte an die alte Tradition der Menschewiki anknüpfen, die 1903 in einer Kampfabstimmung dem bolschewistischen Flügel Lenins unterlegen waren. Nach der Machtergreifung wurden die Menschewiki von den Bolschewisten gnadenlos als sozialdemokratische »Revisionisten« bekämpft. An dem Gründungsparteitag nahmen 238 Delegierte aus 104 örtlichen Organisationen teil.

Der II. Parteitag wurde vom 24. bis 28. Oktober 1990 in Swerdlowsk durchgeführt. Das auf dem I. Parteitag verabschiedete Statut wurde auf dem II. Kongreß abgeändert.[44] Die Delegierten des II. Parteitages setzen sich folgendermaßen zusammen: zu 40 Prozent aus Angehörigen der Intelligenz, die nicht im Produktionsbereich tätig sind, 35 Prozent sind im Produktionsbereich tätige Vertreter der Intelligenz, elf Prozent Arbeiter, vier Prozent Studenten, zwei Prozent Armeeangehörige und acht Prozent Sonstige. 47 Prozent der Delegierten des II. SDPR-Parteitages bezeichneten sich als Liberale, zehn Prozent als Sozialisten, 34 Prozent bekannten sich zum nicht näher definierten Zentrum, und die restlichen konnten bzw. wollten sich nicht festlegen. Was den Marxismus betrifft, so lehnten ihn 50 Prozent der Parteitagsdelegierten vollständig ab, für 14 Prozent enthielt er doch irgend etwas Richtiges, 31 Prozent fanden in ihm einzelne wichtige Ideen und zwei Prozent waren der Auffassung, daß der Marxismus im Prinzip richtig sei. Die SDPR wurde am 4. März 1991 als Partei registriert.

Der III. Parteitag fand vom 30. April bis zum 5. Mai 1991 in Leningrad (jetzt St. Petersburg)[45] statt, der IV. Parteitag im

---

43 Vgl. dazu: Alexander Rahr, Inside the Interregional Group, in: RFE/RL Research Institute (Hrsg.), Report on the USSR, 43/1990, S. 1–4.
44 Ustaw Sozial-Demokratitscheskoj partii Rossijskoj Federazii. Prinjat I sesdom SDPR, s ismenenijami, wnessjonnymi II sesdom SDPR (Statut der Sozial-demokratischen Partei der Russischen Föderation. [Angenommen auf dem I. SDPR-Parteitag, mit Veränderungen eingebracht auf dem II. Parteitag der SDPR]).
45 Nowosti sozial-demokratii (Neuigkeiten der Sozialdemokratie), Moskau 19 (Mai)/1991.

Mai 1992 in Moskau und der V. vom 7. bis 10. Mai 1993 in Nischnyj Nowgorod. Die SDPR zählt 5600 Mitglieder mit 114 aktiven Ortsorganisationen und 356 Bevölkerungspunkten in 54 Gebietseinheiten der Russischen Föderation. Sie rekrutiert ihre Mitglieder hauptsächlich aus Vertretern der Intelligenz, Ingenieuren und Technikern, Arbeitern, Studenten und Unternehmern. Das Durchschnittsalter der SDPR-Mitglieder liegt zwischen 30 und 40 Jahren.

Der III. Parteitag wählte drei Ko-Vorsitzende: Oleg Rumjanzew, Volksdeputierter und Geschäftsführender Vorsitzender der Verfassungskommission der Russischen Föderation, Leonid Wolkow, ebenfalls Volksdeputierter und Mitglied der Verfassungskommission, sowie Boris Orlow. Auf dem IV. Parteitag wurde Orlow zum alleinigen Parteivorsitzenden gewählt. Aus Karrieregründen versuchte Rumjanzew im Mai 1992 durch die Gründung eines Moskauer und im November 1992 eines »Russischen Sozialdemokratischen Zentrums« die Partei zu spalten. Am 12. Januar 1993 unterschrieb Rumjanzew eine Vereinbarung über die politische Zusammenarbeit mit der »Bürgerunion«.[46] Vorgesehen war die Zusammenarbeit des Sozialdemokratischen Zentrums mit der VPFR im Obersten Sowjet und im Volkskongreß.[47] Rumjanzew ging von der Annahme aus, daß die »Bürgerunion« auf irgendeine Weise Jelzin ablösen und daß der neue Präsident Ruzkoj ihn in die Regierung aufnehmen werde. Orlow trat daraufhin aus Protest von seinem Amt als Parteivorsitzender im Dezember 1992 zurück; zum amtierenden Parteivorsitzenden wurde Igor Awerkijew ernannt.

Vor dem Referendum am 25. April 1993 rief eine Mitte-Links-Gruppierung der Partei unter Führung von Awerkijew und dem als Stellvertretenden Arbeitsminister zurückgetretenen Pawel Kudjukin dazu auf, das Referendum zu boykottieren oder zumindest bei der ersten Frage nach dem Vertrauen zu Jelzin mit »Nein« zu stimmen. Ferner veröffentlichten sie einen Aufruf zur Gründung einer »Bewegung der Bündnis-

---

46 Sfera (Sphäre) [Saratow], 2/1993, S. 2.
47 Rossijskije westi (Russische Nachrichten), 13. 1. 1993. Boris Orlow, Die Sozialdemokratische Partei der Russischen Föderation. Interessen, Wertvorstellungen, Leitlinien, Köln 1993 (= Berichte des Bundesinstituts für ostwissenschaftliche und internationale Studien, Nr. 44-1993).

freiheit«, die von unten her die Strukturen einer Bürgergesellschaft formieren sollte.[48] Viele Ortsorganisationen der Partei lehnten dieses Vorgehen ab.

Auf dem V. SDPR-Parteitag vom 7. bis zum 10. Mai 1993 in Nischnyj Nowgorod geriet das Verhalten der linken Gruppierung in das Kreuzfeuer der Kritik und führte zu gegenseitigen Beschuldigungen. Anstatt die allgemeinen Richtlinien für ein Wahlprogramm der russischen Sozialdemokraten auszuarbeiten, wurde lediglich eine Deklaration »Über die Beziehungen zu den Gewerkschaften« und ein »Politisches Schlußdokument des SDPR-Parteitages« verabschiedet. Da die linke Parteigruppierung ihre Teilnahme an den Wahlen zu den Führungsgremien der Partei verweigerte, gelangten vorwiegend die Vertreter der pragmatisch-marktwirtschaftlichen und stark karriereorientierten Rumjanzew-Gruppe in die Führungspositionen, wobei Rumjanzew selbst den Sprung in den Parteivorstand nicht schaffte. Zum neuen SDPR-Vorsitzenden wurde Anatolij Golow aus St. Petersburg gewählt. Die Linken überlegen nun, ob sie eine neue Partei gründen sollen. Golow nahm für die Sozialdemokraten auch an der Verfassungskonferenz im Juni/Juli 1993 teil.

Orlow trat nach dem V. Parteitag aus der Partei aus und versucht nun mit einem Teil der praktisch gespaltenen SDPR – mit Parteiorganisationen in Sibirien, im Fernen Osten, im Murmansker Gebiet und in einigen zentraleuropäischen Gebieten – und mit Teilen der VPFR eine »Bewegung für soziale Demokratie« zu bilden.

Die Partei gibt das Informationsbulletin »Nowosti sozialdemokratii« (»Neuigkeiten der Sozialdemokratie«) heraus, parteinahe Positionen kann man außerdem in der Zeitung »Alternatiwa« wiederfinden. Kontakte unterhält die Partei zur neuen Gewerkschaft SozProf sowie zu den Freien Gewerkschaften der Bergarbeiter, Piloten und Fluglotsen. Für ihre Jugendarbeit hat sie die Organisation »Junge Sozialdemokraten« gegründet. Die SDPR unterhält vielfältige internationale Kontakte, unter anderem zur SPD, zur SPÖ, zu den sozialdemokratischen Parteien Skandinaviens, zur spani-

---

48 Nowaja sozial-demokratija (Neue Sozialdemokratie [Mitteilungsblatt der Moskauer SDPR-Organisation]), 1 (April)/1993, S. 1.

schen Sozialdemokratischen Partei, zur britischen Labour-Partei und zur Demokratischen Partei in den USA.

Erfolge kann die SDPR nur in der parlamentarischen Arbeit verzeichnen. Außer Rumjanzew und Wolkow sind die Volksdeputierten Michail Molostow und Aleksandr Utkin SDPR-Mitglieder. Die russischen Sozialdemokraten sind maßgeblich an der Ausarbeitung der neuen Verfassung beteiligt; auf sie ist übrigens die Anregung zur Erklärung der Souveränität der RSFSR am 12. Juni 1990 zurückzuführen. Bei den Präsidentschaftswahlen unterstützte die Partei nach hartem internen Ringen die Kandidatur Jelzins.

Das auf dem III. SDPR-Kongreß am 2. Mai 1991 gebilligte 81seitige Parteiprogramm »Weg des Fortschritts und der sozialen Demokratie«[49] fußt auf den gleichberechtigten, sich gegenseitig bedingenden Grundwerten Freiheit, Gerechtigkeit und Solidarität. Politisches Ziel der Partei ist die Errichtung einer politischen, wirtschaftlichen und sozialen Demokratie in Rußland. Als Mittel hierzu will sie sich einer »sozialen und rechtlichen Revolution« bedienen. Die Partei bekennt sich zum weltanschaulichen Pluralismus und zur ideologischen Neutralität. In der Wirtschaft strebt die SDPR eine demokratische Form der Privatisierung an, spricht sich aber eindeutig gegen den »Nomenklatur-Kapitalismus« aus. In der Periode der Entstaatlichung des grundlegenden Teils des Eigentums sollen die Arbeitskollektive bevorzugt werden. Das Fortbestehen der Russischen Föderation schließt, laut Parteiverständnis, die Gewährung breiter national-kultureller Autonomie ein.

Das SDPR-Programm paßt weder in die Logik der traditionellen westeuropäischen Sozialdemokratie (Arbeiterpartei, Reformierung des Kapitalismus, marxistische Methodologie) noch enthält es Programmelemente heutiger westeuropäischer sozialdemokratischer Parteien in einer postindustriellen Gesellschaft mit übernationaler Orientierung. Es entspricht vielmehr der gegenwärtigen Situation in Rußland und ist eher sozial-liberal als sozialdemokratisch ausgerichtet. In der

---

49 Sozial-demokratitscheskaja partija Rossijskoj federazii (Sozialdemokratische Partei der Russischen Föderation) (Hrsg.), Put progressa i sozialnoj demokratii (Weg des Fortschritts und der sozialen Demokratie), Moskau 1991.

Sozialistischen Internationale, in welche die SDPR und ihre Schwesterparteien in der Ukraine und in Weißrußland gern aufgenommen werden möchten, würden sich diese Parteien ihren eigenen Angaben zufolge am rechten Rand des politischen Spektrums ansiedeln.

Vorgezogene Präsidentschaftswahlen werden nach Meinung führender Sozialdemokraten wahrscheinlich nicht durchgeführt werden, da Jelzin der Garant für eine verhältnismäßig normale Stabilität bleibe.

Nach Meinung der SDPR ist der GUS kein langjähriger Zusammenhalt beschieden. An deren Stelle könne jedoch eine neue Gemeinschaft treten, die sich an den realen Bedürfnissen orientiert und auf bilateralen Verträgen basiert. Bei allgemeinem Interesse könnte auch ein multilateraler Vertrag abgeschlossen werden. In den UdSSR-Nachfolgestaaten sollte für eine Übergangsperiode von zehn Jahren die Doppelstaatsbürgerschaft eingeführt werden. In dieser Zeit könnten sich die Russen in diesen Staaten entscheiden, wo sie leben wollen. Im Falle ihrer Rückkehr nach Rußland müßte ihnen Wohnung und Arbeit geboten werden. Das föderale Problem wird nach Einschätzung der SDPR zum schwerwiegendsten Problem für Rußland werden: So fordern die Republiken für sich soviel Selbständigkeit wie die unabhängigen Staaten ein, und die Gebiete wollen den Rang von Republiken. Moskau sollte, nach Meinung der SDPR, den Kompromiß zu erreichen suchen, die Gewährung selbständiger Außenpolitik für die Republiken in die gesamtrussische Außenpolitik einzuordnen.

Das außenpolitische Konzept der SDPR sieht ein Rußland vor, das eine zurückhaltende Großmachtpolitik betreibt und sich an internationalen UN-Aktionen beteiligt. In diesem Rahmen befürwortet die Partei auch die ständige Mitgliedschaft Deutschlands und Japans im UN-Sicherheitsrat.

Die SDPR ist für eine gemischte Armee, in Form einer Wehrpflichts- und einer Berufsarmee. Die Jugendlichen sollten eine freie Wahl zwischen Wehr- und Zivildienst treffen können. Nach dem sicherheitspolitischen Programm der SDPR hat Rußland eine hochtechnisierte Armee nötig, die auch den militärisch-industriellen Komplex beschäftigen würde.

b) Sozialdemokratische Partei der Ukraine

Die »Sozialdemokratische Partei der Ukraine« (SDPU) formierte sich am 27. Mai 1990 in Kiew durch den Auszug von 58 der 86 Delegierten des Gründungsparteitags der »Vereinigten Sozialdemokratischen Partei der Ukraine« (VSDPU). Diese rechte Abspaltung der Mehrheit der Delegierten bedeutete eine Absage an den »demokratischen Sozialismus« der VSDPU und ein Votum für die völlige Unabhängigkeit der Ukraine. Am 4. März 1993 haben sich beide Parteien vereinigt. Die SDPU zählt 2500 Mitglieder in allen Regionen der Ukraine.

Seit ihrer Gründung hat die SDPU zwei Parteikonferenzen durchgeführt: im November 1990 und im März 1991. Die Partei ist assoziiertes Mitglied der ukrainischen Bewegung »Ruch«.

Die Ukraine ist der Staat auf dem Gebiet der ehemaligen UdSSR mit dem strengsten Parteiengesetz. Die für die Registrierung einer Partei geforderte Mindestmitgliederzahl von 3000 konnte die SDPU mit ihren 1300 Mitgliedern vor dem Putsch nicht erreichen. Der erste Parteivorsitzende war bis 1992 Andrej Nosenko, der jetzt die Aufgabe eines Internationalen Sekretärs der Partei wahrnimmt. Ihm folgte für kurze Zeit der Vorsitzende des Unterausschusses für Wirtschaftsreformen des Obersten Sowjet, Aleksandr Sugonjako. Ihn löste an der Spitze der Partei, die nicht von spalterischen Tendenzen – vor allem auf der Krim – verschont blieb, der Vorsitzende des Ausschusses für Jugendfragen des Obersten Sowjet, Jurij Sytnew, ab. Die SDPU ist durch einen weiteren Abgeordneten im Obersten Sowjet vertreten, der zugleich Bürgermeister ist, Wladimir Moskowka. Die SDPU ist Mitglied der parteiübergreifenden Gruppierung im Obersten Sowjet »Neue Ukraine«.

In ihrer »Prinzipiendeklaration der Sozialdemokraten der Ukraine«[50] wird die Annäherung an den Liberalismus gefordert. Geschaffen werden soll eine »politische, ökonomische und soziale Demokratie«; politische Demokratie beinhaltet

---

50 Deklarazija prinzipow sozial-demokratow Ukrainy (Prinzipiendeklaration der Sozialdemokraten der Ukraine), in: Kommunist Ukrainy (Kommunist der Ukraine), 5/1991, S. 51–59.

gemäß dieser Definition vor allem politische Rechte und Freiheiten der Bürger, Mehrparteiensystem, Rechtsstaat und Informationsfreiheit für die Massenmedien. Der Sozialismus und die wirtschaftliche Demokratie sollen »kapitalisiert« werden. Das Verständnis von sozialer Demokratie in der SDPU ist vor allem von den Leitmotiven »soziale Gerechtigkeit« und »Solidarität« geleitet. Die SDPU bekennt sich zum ideologischen Pluralismus. Die unabhängige Ukraine soll eine positive Rolle bei der Schaffung eines sicheren und prosperierenden Europa spielen.

c) Weißrussische Sozialdemokratische Partei

Die »Weißrussische Sozialdemokratische Partei (Hromada)« (WSDP) konstituierte sich am 2./3. März 1991 in Minsk neu. Sie bezieht sich bewußt auf die Traditionen der ersten Weißrussischen Sozialdemokratischen Hromada von 1902, aus der 1918 die Weißrussische Sozialdemokratische Partei hervorging. Die WSDP, welche durch die individuelle Mitgliedschaft ihrer Führungspersonen eng mit der »Volksfront«-Bewegung verbunden ist, wurde am 21. Mai 1991 registriert und zählt 2000 Mitglieder.

In der WSDP sind – im Gegensatz zu anderen demokratischen Parteien – relativ viele Arbeiter vertreten; viele ihrer Mitglieder betätigen sich aktiv in den Streikkomitees. In ihren Reihen finden sich aber auch Betriebsdirektoren, Vertreter der technischen, weniger der künstlerischen Intelligenz, Juristen und Militärangehörige bis zum Dienstgrad eines Oberst. Nach dem Tode des ersten Parteivorsitzenden Michas Tkatschow wurde auf dem Parteitag im Dezember 1992 der Historiker Aleg Trussow zum Nachfolger gewählt.

Ziel der WSDP ist die Neubelebung der weißrussischen Sozialdemokratie innerhalb der weltweiten Sozialdemokratie. Die Partei steht vor der selbstauferlegten Aufgabe, die nationale, kulturelle und moralische Wiedergeburt des weißrussischen Volkes aktiv zu fördern. In ihrem Programm erklärt die Partei, daß in »Weißrußland viele Völker und Nationalitäten leben, und [sie sei] verpflichtet, ihnen das Recht auf nationale Entwicklung zu garantieren«. Die WSDP tritt für ein unabhängiges Weißrußland ein mit allen Attributen eines unabhängigen Staates, der sich als sozialer Rechtsstaat versteht.[51] Die Partei möchte in Weißrußland eine humane, demokratische Gesellschaft aufbauen, auf der Basis einer gemischten Wirtschaft. Die WSDP bekennt sich zu den Prinzipien der Freiheit des Individuums, der sozialen Gerechtigkeit und Solidarität.[52] Die Partei, die für vorzeitige Parlamentswahlen eintritt, bemüht sich um ein Referendum über eine neue Verfassung und ist gegen den Beitritt Weißrußlands zu einem Militärbündnis.

Das Eigentum der ehemaligen KPdSU in Weißrußland soll laut Programm der WSDP nationalisiert werden. Jeder politischen Struktur sollten die gleichen Startbedingungen eingeräumt werden. Die WSDP konzentriert sich auf die parlamentarische Arbeit: In den Obersten Sowjet Weißrußlands entsendet sie elf Deputierte (von insgesamt 340). Drei Deputierte sind Vorsitzende von Parlamentsausschüssen, darunter des Ausschusses für Wirtschaftsreformen. Die WSDP-Fraktion ist Mitglied des »Demokratischen Klubs«, der im Obersten Sowjet die größte Gruppierung bildet und sich bei Abstimmungen vorher abspricht. Die Partei ist auch in der »Kontrollkammer« vertreten, welche die Funktion einer Art Verfassungsgericht ausübt.

Die WSDP stellt den Stellvertretenden Vorsitzenden des Stadtsowjet von Minsk, Anatolij Gurinowitsch. Die Industriestadt Molodetschno – 80 Kilometer von Minsk entfernt – ist die erste »sozialdemokratische Stadt Weißrußlands« mit einer relativ starken WSDP-Fraktion im lokalen Sowjet. WSDP-Mitglieder sind ebenfalls in der Leitung des Weißrussischen Soldatenverbandes vertreten. So ist beispielsweise der Vorsitzende der Weißrussischen Vereinigung der Armeeangehörigen, Nikolaj Statkewitsch, zugleich Vorstandsmitglied der Hromada. Die Partei gibt eine eigene Zeitung heraus, deren Auflage die der kommunistischen Zeitungen übertrifft.

---

51 Materialy Utschreditelnogo Sesda Belorusskoj Sozial-Demokratitscheskoj Gromady (Material der Gründungsversammlung der Weißrussischen Sozialdemokratischen Hromada), Minsk 1991.
52 Valerij P. Ljubin, Sozialdemokratische Parteien in den Nachfolgestaaten der Sowjetunion, Köln 1992, S. 30–34 (= Berichte des Bundesinstituts für ostwissenschaftliche und internationale Studien, Nr. 13-1992).

5. Christlich-demokratische Parteien

Die vier christlich-demokratischen Parteien lassen sich zwei politischen Grundrichtungen zuordnen, einer linken und einer rechten. Zur linken Gruppe gehören drei Parteien, welche die westliche Variante der Christdemokratie auf Rußland übertragen wollen: die ChDUR, die RChDP und die RChDU. Alle drei Parteien vertreten im wesentlichen die Prinzipien Christdemokratischer Parteien in Westeuropa: erstens die Vorrangstellung der Moral in Politik, Wirtschaft und Gesellschaft, zweitens christliche Traditionen und Menschenrechte als Basis dieser Moral, drittens die Unveräußerlichkeit der politischen und bürgerlichen Freiheiten bei der Erhaltung eines Gleichgewichts zwischen Freiheit und Macht. Eigene Wirtschaftsprogramme konnten zumeist nicht erarbeitet werden, weil den Parteien die entsprechenden Fachleute fehlen, aber alle drei Parteien sind für das Privateigentum und für die Erhaltung eines unteilbaren Rußland.

Eigenartigerweise stellen nicht kirchengläubige Orthodoxe die Mehrheit der Parteimitglieder, sondern Christen anderer Bekenntnisse, vor allem Protestanten und Christgläubige ohne kirchliche Bindung. Die Parteien sind ökumenisch ausgerichtet, als Gegengewicht zur erstarrten Russisch-orthodoxen Kirche. Der rechte Flügel der Christdemokraten wird von der RChDB gebildet, die stärker auf ihre Führungsfigur ausgerichtet ist als die anderen drei Parteien. Für die RChDB ist die orthodoxe Religion das bestimmende Bekenntnis. Um die potentiellen Parteianhänger unter den Monarchisten nicht zu verschrecken, wird in dieser Partei schon darüber nachgedacht, ob nicht das Adjektiv »demokratisch« im Parteinamen gestrichen werden sollte.[53]

a) Christlich-demokratische Union Rußlands

Die »Christlich-demokratische Union Rußlands« (ChDUR) wurde am 5. August 1989 in Moskau von Aleksandr Ogorodnikow als erste christlich-demokratische Partei gegründet und am 9. Dezember 1991 registriert. Im Oktober 1992

---

53 Wostok (Osten), 6/1992, S. 68ff.

zählte sie 6300 Mitglieder in 76 Regionalorganisationen, die sie aus verschiedenen sozialen Schichten rekrutierte. Die II. Konferenz der Partei am 9./10. September 1989 verabschiedete Statut und Programm und wählte Aleksandr Ogorodnikow zum Parteivorsitzenden; Ogorodnikow war zehn Jahre in einem Lager inhaftiert und kam erst 1987 durch die Intervention von Margaret Thatcher und Andrej Sacharow frei.[54] Auf der IV. Außerordentlichen Konferenz der ChDUR spaltete sich am 16. März 1990 die »Russische christlich-demokratische Partei« von der ChDUR ab. Auf der VII. Konferenz am 2./3. Mai 1990 und der VII. Konferenz vom 22./24. Juni 1990 wurden diverse Korrekturen am Statut vorgenommen. Auf der IX. Konferenz am 18./19. Januar 1992 wurde schließlich eine neue Fassung des Programms beschlossen.

Auf dem Weltkongreß der Internationale der Christdemokraten am 18./20. September 1989 erhielt die ChDUR den Status eines Anwärters auf die Mitgliedschaft, der ihr auf der Konferenz des Weltbundes der Christdemokraten am 16./17. März 1992 in Santiago de Chile wieder genommen wurde. 1991 trat die Partei der Bewegung »Demokratisches Rußland«, und im September 1992 dem Bündnis »Neues Rußland« bei. Die Partei gibt als Publikationsorgan den »Westnik christianskoj demokratii« (»Bote christlicher Demokratie«) mit einer Auflage von 5000 Exemplaren heraus.

Ziel der ChDUR ist eine Vereinigung jener Christen verschiedener Konfession in ihren Reihen, die sich die geistige und wirtschaftliche Wiedergeburt Rußlands zu ihrem Ziel gemacht haben und die auf russischem Territorium einen demokratischen Rechtsstaat nach den Prinzipien einer christlichen Demokratie schaffen wollen. Die Partei tritt für das Parteienwahlrecht ein. Durch ihren Vorsitzenden beteiligte sie sich im Juni/Juli 1993 an der Verfassungskonferenz in Moskau.

In ihrem Wirtschaftsprogramm plädiert die Partei für die Senkung des Steuersatzes auf das Minimum von 20 Prozent. Der einheitliche Wirtschaftsraum Rußland solle erhalten bleiben, ausländische Investitionen sollten rechtlich geschützt

---

54 Nesawissimaja gaseta (Unabhängige Zeitung), 29. 10. 1992.

werden. Die Partei möchte die Wehrpflichtarmee allmählich in eine Berufsarmee umwandeln und bis dahin den Wehrersatzdienst einführen. In diesem Zusammenhang plädiert die ChDUR auch für die Einführung der Militärseelsorge.

Während des Putsches im August 1991 verteidigten Parteimitglieder zusammen mit anderen das Weiße Haus gegen die Putschisten. Die ChDUR ist auch karitativ tätig und engagiert sich besonders für die sozial Schwachen, wie Invaliden und Behinderte, kinderreiche Familien und Rentner.

b) Russische Christlich-demokratische Bewegung

Die »Russische Christlich-demokratische Bewegung« (RChDB) sammelte sich aus verschiedenen christlichen und kulturellen Bürgerinitiativen als eine gemäßigt-konservative orthodoxe Gruppierung um die von Wiktor Aksjutschiz und Gleb Anischtschenko seit September 1987 herausgegebene religiös-philosophische Zeitschrift »Wybor« (Wahl). Zu den Gründungsaktivisten der Partei gehörte auch der in der Breschnew-Periode inhaftierte russisch-orthodoxe Geistliche Gleb Jakunin. Die Gründungskonferenz der RChDB als Partei fand vom 7. bis 9. April 1990 in Moskau statt. Von den auf dem Parteitag gewählten drei Ko-Vorsitzenden, den Volksdeputierten Wiktor Aksjutschiz und Wjatscheslaw Polossin sowie Gleb Anischtschenko, ist inzwischen Aksjutschiz zum alleinigen Parteivorsitzenden aufgestiegen, Anischtschenko und Polossin wurden seine Stellvertreter. Von den Gründern der neuen russischen Parteien ist Aksjutschiz der einzige, der in der KPdSU war und viel früher als Jelzin und andere aus Überzeugung aus der KPdSU austrat. Alle anderen Parteigründer waren Dissidenten.

Die Partei wurde am 6. Juni 1991 registriert. Sie zählt 15 000 Mitglieder in 140 Ortschaften, auch außerhalb Rußlands in anderen ehemaligen UdSSR-Staaten. Dabei handelt es sich hauptsächlich um Intellektuelle (Wissenschaftler, Juristen, Ärzte, Künstler und Priester), während Arbeiter kaum zu finden sind. Die RChDB ist in fast allen Gebieten der Russischen Föderation vertreten. Am 18. August 1991 trat einer der Mitbegründer der Partei, der Priester Gleb Jakunin, aus der Partei aus, weil er die Ansichten von Aksjutschiz

hinsichtlich des nationalstaatlichen Aufbaus Rußlands ablehnte und als imperialistisch und chauvinistisch bezeichnete.
Die RChDB war Mitglied der Bewegung »Demokratisches Rußland«. Sie bildete mit der Demokratischen Partei Rußlands und mit der Konstitutionell-demokratischen Partei (Partei der Volksfreiheit) den Block »Volkskonsens«. Später war Aksjutschiz der erste, der im Volksdeputiertenkongreß die Gründung des reaktionär-konservativen Fraktionsblocks »Russische Einheit« vorschlug, und diesen später auch koordinierte.[55]

Am 8. und 9. Februar 1992 veranstaltete die RChDB einen nationalistischen »Kongreß der bürgerlichen und patriotischen Kräfte«. Viele regionale Parteiorganisationen traten daraufhin aus der RChDB aus. Auch der Eintritt in die »Russische Einheit« führte zu Mitgliederverlusten. Die RChDB lehnte es zwar ab, sich an der Gründung der »Front der nationalen Rettung« zu beteiligen, doch das RChDB-Führungsmitglied, der Volksdeputierte Ilja Konstantinow, ließ sich zum Ko-Vorsitzenden der »Front der nationalen Rettung« wählen. Wegen seiner Verwicklung in den Putschversuch gegen Jelzin Anfang Oktober 1993 wurde Konstantinow verhaftet.

Die Partei kritisiert die Politik Jelzins und der den Reformkurs begleitenden Bewegung »Demokratisches Rußland«. Die RChDB empfahl, beim Referendum am 25. April 1993 die ersten beiden Fragen (Vertrauen zum Präsidenten und Billigung seiner Wirtschaftspolitik) mit »Nein« zu beantworten und bei der dritten und vierten Frage nach vorgezogenen Parlaments- und Präsidentschaftswahlen mit »Ja« zu votieren. Die Partei unterstützt weiterhin die patriotisch-kommunistische Opposition, auch wenn sie nicht in allen Fragen mit ihr übereinstimmt.

Außer dem Parteivorsitzenden gehören weitere elf Volksdeputierte verschiedener Fraktionen der RChDB an: Jurij Beloglasow, Walentin Domina, Wiktor Jegorow, Ilja Konstantinow, Wiktor Krjutschkow, Waltenin Linkow, Sergej Michajlow, Boris Newzow, Wjatscheslaw Polossin, Rawik Smirnow und Wiktor Jakowlew. In den übrigen Sowjets ist die Partei

---
55 Moscow News, 43/1992, S. 14.

mit 60 Deputierten vertreten. Auf ihrem I. Parteitag am 20. Juni 1992 in Moskau verabschiedete die RChDB neue programmatische Thesen[56] und ein neues Statut.[57] Die Partei gibt die Zeitung »Put« (»Weg«) mit 20000 Exemplaren und die Zeitschrift »Wybor« (»Wahl«) heraus.

Die RChDB versteht sich als Weltanschauungspartei, auch wenn das Glaubensbekenntnis für den Parteieintritt keine Bedingung ist. Ihr politisches Ziel ist die Umgestaltung des gesamten Lebens des Landes nach den Normen der christlichen Moral; ihr christliches Ideal hat eine naturrechtliche Grundlage. Kennzeichnend für die RChDB sind folgende drei grundlegende Programmpunkte:

1. Die Vertretung von christlichen Werten im politischen Leben ohne Extremismus, pragmatisch, auf evolutionäre und nicht revolutionäre Weise;
2. Antikommunismus und Antitotalitarismus;
3. ein aufgeklärter Neo-Patriotismus und Neokonservatismus.

Die RChDB lehnt den sogenannten Neobolschewismus der neuen Demokraten ab; gemeint ist hiermit eine Form von Utopismus, der an einer abstrakten Idee festhält, und zugleich Extremismus, bezogen auf die radikale Verfolgung dieser Idee. Des weiteren ist der Neo-Bolschewismus durch sein dichotomistisches Denken gekennzeichnet: Gedacht wird nur diesseits und jenseits der Barrikade.

Folgende Punkte ihres ersten Programms[58] hat die RChDB eingelöst: Auflösung des staatlichen Komitees für religiöse Angelegenheiten, Bildung einer Kommission des Obersten Sowjet für Konfessionen, Durchsetzung der Anerkennung

---

56 Osnownyje poloschenija polititscheskoj programmy RChDD. (Grundaussagen des politischen Programms RChDB), in: Wosroschdenije Rossii (Wiedergeburt Rußlands). Christianskaja demokratija i prosweschennyi patriotism (Christliche Demokratie und aufgeklärter Patriotismus), Moskau 1993, S. 36–59.
57 Ustaw Rossijskogo Christianskogo Demokratitscheskogo Dwischenija. (Statut der Russischen Christlich-Demokratischen Bewegung), in: Wosroschdenije Rossii... a.a.O., S. 60–67.
58 Osnownyje poloschenija polititscheskoj programmy Rossijskogo Christianskogo Demokratitscheskogo Dwischenija (RChDD). (Grundaussagen des politischen Programms der Russischen Christlich-Demokratischen Bewegung [RChDB]), in: Rossijskoje Christianskoje Demokratitscheskoje Dwischenije. Shornik materialow (Russische Christlich-Demokratische Bewegung. Materialsammelband), Moskau 1990, S. 33–48.

der Kirchen als juristische Personen und des Rechts der religiösen Organisationen auf unabhängige Selbstorganisation und -verwaltung.

Die RChDB tritt dafür ein, eine »Allrussische Ständeversammlung« (»Semskij sobor«) einzuberufen, welche die von der Revolution unterbrochene Kontinuität der legitimen obersten Macht in Rußland wiederherstellen soll. Da die Partei die Zeitspanne bis zu deren Einberufung als »Übergangsperiode« betrachtet, sieht sie in der Präsidialrepublik das lebensfähigste Modell. Die Macht des Präsidenten wird durch ein konsequent befolgtes Prinzip der Gewaltenteilung sowie lokale und gesellschaftliche Selbstverwaltung eingeschränkt. Die RChDB tritt für striktes Einhalten internationaler Menschenrechtsabkommen ein, für Rede-, Presse-, Versammlungsfreiheit, Freizügigkeit, Gewissens- und Glaubensfreiheit.

In der Wirtschaftspolitik tritt die RChDB für die soziale Marktwirtschaft ein, basierend auf den Prinzipien von Privateigentum und christlicher Gerechtigkeit, Konkurrenz und Solidarität, Privatinitiative und Verantwortungsgefühl gegenüber den Menschen und dem Land. Die Partei deklariert die Gleichberechtigung aller Eigentumsformen – des privaten, kollektiven und staatlichen Eigentums – bei konsequent antimonopolistischer Gesetzgebung. Den Weg zur freien, effizienten Wirtschaft sieht die Partei in der Privatisierung eines Teils der Anlagefonds, wenn »Boden, Produktionsmittel, Wohnraum, Baumaterialien – direkt oder über Aktien – in kollektiven und privaten Besitz« übergehen.

Die RChDB ist für die Gleichberechtigung und den Schutz der Interessen aller Bürger unabhängig von ihrer Nationalität. Nationale Hetze und Diskriminierung müßten vom Gesetz bestraft werden. Die RChDB ist der Ansicht, daß eine Vielfalt nationalstaatlicher Formen – autonomer, föderativer, konföderativer und anderer Art – dem Russischen Staat eigen seien. Die RChDB vertritt die Überzeugung, daß im Russischen Staat eine vollständige Sezession historisch, kulturell oder wirtschaftlich begründet sein muß. Eine solche Abtrennung könne nur aufgrund eines Plebiszits der Gesamtbevölkerung des jeweiligen Territoriums erfolgen. »Aufgeklärter Patriotismus, Toleranz, Verantwortungsgefühl,

Achtung der Freiheit des anderen und der eigenen Freiheit sollten der Schlüssel zur Lösung nationaler Probleme sein.«[59]

Rußland befindet sich nach Auffassung der RChDB zur Zeit in einer Übergangsperiode und in einer großen politischen Krise: Die alten Kader sind noch in Funktion, weil keine neuen Kader zur Verfügung stehen, die Gesellschaft ist aus sich heraus nicht in der Lage, eine neue Staatlichkeit zu schaffen. Das russische politische Spektrum hat sich geändert, es paßt sich dem westlichen an. Die Bündnisse und Bewegungen werden zerfallen, sobald Jelzin an Einfluß verlieren wird, wobei die Bewegung »Demokratisches Rußland« nur ein Reflex der »Front der nationalen Rettung« ist.

Im Oktober 1992 forderte Aksjutschiz in der »Prawda« den Rücktritt Jelzins.[60] Trotzdem nahm die Partei an der Verfassungskonferenz im Juni/Juli 1993 in Moskau teil. Es wäre nach Meinung der RChDB realistischer, für eine deklarierte Übergangsperiode von drei bis fünf Jahren eine Übergangsverfassung auszuarbeiten, die nicht detailliert sein müßte. Ziel dieser Übergangsperiode wäre es, wirtschaftliche und soziale Stabilität herzustellen. Dann wäre es erforderlich, eine Verfassungsgebende Versammlung zu wählen, die eine länger geltende Verfassung auszuarbeiten hätte. In dieser Frage müßte man einen Kompromiß erzielen. Die RChDB schlägt hierfür ein gemischtes Wahlrecht vor. Notwendig seien nicht nur gleichzeitige Parlaments-, sondern auch Präsidentschaftswahlen. Sonst bestehe die Gefahr, daß Jelzin das Parlament auflöse, kein neues Parlament gewählt werden würde und Jelzin sich zum Diktator entwickeln könnte.

Die Gründung der GUS war nach Meinung der Partei ein illegaler Akt, gar ein Verbrechen, weil sie durch willkürliche Abgrenzung von Staaten und ohne eine Befragung der Bevöl-

---

59 Westnik RChDD, Nr. 1: Deklarazija Rossijskogo Christianskogo Demokratitscheskogo Dwischenija (Bote der RChDB; Nr. 1: Deklaration der Russischen Christlich-demokratischen Bewegung), in: Sbornik materialow (Materialiensammelband), hrsg. von der RChDB, Moskau 1990, S. 21–35. Vgl. dazu auch: Tatjana Fadeeva, Die Russische Christlich-Demokratische Bewegung. Information aus der Forschung des Bundesinstituts für ostwissenschaftliche und internationale Studien, 4/1992. Aksjutschiz in: Prawda, 15. 10. 1992 und Nesawissimaja gaseta (Unabhängige Zeitung), 23. 10. 1992. Rossijskaja gaseta (Russische Zeitung), 10. 1. 1992. Trud (Arbeit), 4. 5. 1993. Nesawissimaja gaseta (Unabhängige Zeitung), 11. 6. 1993.
60 Prawda, 21. 10. 1992.

kerung erfolgte. Die bisherigen Ergebnisse der Zusammenarbeit in der GUS sind in den Augen der Partei katastrophaler Natur, besonders weil die einzelnen Staaten auf sich allein gestellt nicht überleben könnten; sie würden alle demnächst, so die RChDB, zu Rußland zurückkehren. Die Partei beharrt auch auf den eigenständigen russischen Wurzeln: Rußland selbst gehöre weder zu Europa noch zu Asien; es sei ein eurasischer Kontinent. Die gegenwärtige russische Außenpolitik wird von der Partei als zu proamerikanisch eingeschätzt.

Die RChDB tritt für die Schaffung einer Berufsarmee ein. Die UdSSR-Nachfolgestaaten, so die Begründung, hätten gemeinsame geostrategische Interessen; wenn diese nicht verwirklicht würden, würde ein Machtvakuum entstehen, das andere Staaten jetzt schon zu füllen versuchten. Aus dem Streit der Machtrivalen, die in dieses Machtvakuum einzuströmen suchen, würden neue Kriegsherde entstehen. Die Politik der einseitigen Abrüstung, wie beispielsweise durch den START-II-Vertrag, habe für Rußland kontraproduktive Folgen.

c) Russische Christlich-demokratische Partei

Die dritte christlich-demokratische Partei »Russische Christlich-demokratische Partei« (RChDP) wurde am 12. Mai 1990 in Moskau gegründet und am 25. September 1991 registriert. Zum Vorsitzenden wurde der Chefredakteur des Parteiorgans »Christianskaja politik« (»Christliche Politik«), Aleksandr Tschujew, gewählt, der vorher der RChDB angehört hatte. Die Partei zählt 2400 Mitglieder und ist der Arbeiterinternationale christlicher Demokraten assoziiert.

Die RChDP bekennt sich zur Gewaltenteilung. Die Interessen des einzelnen haben Vorrang vor den Interessen des Staates. Die Partei ist für eine Präsidialrepublik. Im Wirtschaftsteil ihres Programms plädiert sie für einen »Volkskapitalismus«, was die Vorstellung einer völligen Dezentralisierung der Wirtschaft beinhalten würde; auf dem Lande hingegen könnten private und gesellschaftliche Eigentumsformen nebeneinander bestehen. Alle Nationalitäten, die es wollen, haben laut Programm Anspruch auf ihre national-kulturelle Autonomie.

Die RChDP beteiligte sich an allen Aktionen des »Demokratischen Rußland«. Im Januar 1990 unterstützte Tschujew auf diversen Treffen die Unabhängigkeit Litauens, weswegen er inhaftiert wurde. In den Putschtagen verteidigte er das Weiße Haus. Im Juni/Juli 1993 nahm er an der Verfassungskonferenz in Moskau teil.

d) Russische Christlich-demokratische Union

Als jüngste christlich-demokratische Partei Rußlands wurde am 25./26. Januar 1992 in St. Petersburg die »Russische Christlich-demokratische Union« (RChDU) gegründet. Die Partei wird von drei Ko-Vorsitzenden geführt: von dem Priester Gleb Jakunin, Ko-Vorsitzender der Bewegung »Demokratisches Rußland« und zugleich Stellvertretender Vorsitzender des Komitees des Obersten Sowjet für Glaubensfreiheit, Konfessionen, Wohl- und Mildtätigkeit, von Walerij Borschew, Mitglied des Präsidiums des Moskauer Stadtsowjet, und von Witalij Sawizkij, Ko-Vorsitzender der Regionalorganisation von »Demokratisches Rußland« in St. Petersburg. Jakunin war zuvor wegen des Überwechselns der RChDB in das Lager der extremen Rechten aus dieser Partei ausgetreten. Schon aufgrund der personellen Identität von Führungspersönlichkeiten der Partei und von »Demokratisches Rußland« ist die RChDU Mitglied der Bewegung »Demokratisches Rußland«.

Das Zentrum der Partei, die außer in Moskau und St. Petersburg inzwischen schon in 13 Regionen vertreten ist, befindet sich in St. Petersburg. Die Partei verabschiedete ein Statut, in dem den Regionalorganisationen viel Freiheit eingeräumt wird. Auf der Konferenz der Internationale der Christdemokraten am 16./17. März 1992 in Santiago de Chile erhielt die RChDU den Status eines »privilegierten Partners«.

Die RChDU vertritt in ihrem sogenannten Prinzipienprogramm[61] ein christliches Menschenbild, das von der Unantastbarkeit der Würde des Menschen ausgeht und sich zu den Werten der Freiheit, Solidarität und Gerechtigkeit bekennt.

---

61 Prinzipalnaja programma Rossijskogo Christiansko-demokratitscheskogo Sojusa (Prinzipienprogramm der Russischen Christlich-demokratischen Union).

Die Union setzt sich für den Aufbau einer sozialen Marktwirtschaft ohne Privilegien und staatlichen Dirigismus ein.

e) Ukrainische Christlich-demokratische Partei

Die »Ukrainische Christlich-demokratische Partei« (UChDP) wurde am 13. Januar 1989 in der westukrainischen Stadt Lwow (Lemberg) gegründet. Zum Vorsitzenden wurde Wassilij Sitschka ernannt. Der II. Parteitag, an dem 188 Delegierte aus verschiedenen Gebieten der Ukraine teilnahmen, fand am 21./22. April 1990 wiederum in Lwow statt; dabei fiel auf, daß die Ostukraine, in der hauptsächlich Russen leben, nicht vertreten war. Die Westukraine stellt auch die meisten der 2000 Parteimitglieder. Auf diesem Parteitag wurden Programm und Statut beschlossen.[62] Die UChDP ist offen für Christen aller Konfessionen und auch für Nichtchristen, die sich zu den christlichen Werten bekennen. Die Partei tritt für die nationale Wiedergeburt der Ukraine ein.

f) Christlich-demokratische Union Weißrußlands

Die »Christlich-demokratische Union Weißrußlands« (ChDUW) bildete sich am 1. Juni 1991 – ähnlich wie die WSDP – als Neukonstituierung der im Mai 1917 gegründeten Christlich-Demokratischen Partei Weißrußlands. Sie wird von dem Vorsitzenden Petr Silko geleitet. Ihrem Vorstand gehören orthodoxe, unierte, katholische und evangelische Geistliche an. Die ChDUW, die etwa 700 Mitglieder zählt, gibt die Zeitung »Belaruskaja kryniza« (»Weißrussische Quelle«) heraus, die es schon 1917 gab.[63] Im Mai 1992 schloß sich die ChDUW mit der National-Demokratischen Partei und der Bauernpartei zu einer Koalition zusammen. Alle drei Parteien verfolgen ähnliche politische Ziele und streben deshalb die Zusammenarbeit an.[64]

---

62 Peter J. Potichnyi, The Multi-Party System in Ukraine, Köln 1992 (= Berichte des Bundesinstituts für ostwissenschaftliche und internationale Studien, Nr. 3-1992).
63 Vgl. auch: Nowyje polititscheskije organisazii i partii 1988–1990. Kratkij sprawotschnik. Tschast 1, Vyp. 1: Belorussija, Grusia, Latwija, Litwa (Neue politische Organisationen und Parteien 1988–1990. Kurzes Nachschlagewerk. Teil 1, Ausgabe 1: Weißrußland, Georgien, Lettland, Litauen), Moskau 1990.
64 Belta-TASS, 6. 5. 1992.

Ziel der ChDUW ist die Wiedergeburt Weißrußlands als unabhängiger und eigenständiger Staat sowie seines geistigen und ethischen Potentials auf der Grundlage des Evangeliums; dies versucht sie auf gewaltlosem Weg mit Übergangsperioden zu erreichen. Die ChDUW betrachtet Weißrußland als Bestandteil der internationalen christlichen Gemeinschaft der Völker; seine vollständige Integration in Europa sieht die Partei als einen längerfristigen Prozeß an. Da Weißrußland ein christliches Land ist, erhofft sich die ChDUW mittelfristig gute politische Chancen. Als problematisch für die feste Etablierung der Partei könnte sich die verzwickte konfessionelle Situation in Weißrußland und das fehlende überkonfessionelle Bewußtsein erweisen.

6. Liberale Parteien

a) Frei-demokratische Partei Rußlands

Die »Frei-demokratische Partei Rußlands« (FDPR) ging aus einem Flügel der »Demokratischen Partei Rußlands« hervor und wurde am 22./23. Juni 1991 in St. Petersburg auf Initiative von Marina Salje gegründet. Auf dem Gründungskongreß wurde ein Statut verabschiedet. Ferner wählten die Delegierten drei Ko-Vorsitzende: die Volksdeputierte Salje, Lew Ponomarew und Igor Soschnikow. Am innerparteilichen Leben nimmt Ponomarew allerdings kaum teil, weil er in wichtigen politischen Fragen unterschiedliche Positionen zu Marina Salje vertritt. Im Koordinierungsrat der Bewegung »Demokratisches Rußland« wird die Partei durch Soschnikow vertreten.

Die Partei, die am 17. Februar 1992 registriert wurde, hat 2000 Mitglieder. Die Partei mit Sitz St. Petersburg bildet dort im Stadtsowjet mit 17 Abgeordneten eine eigene Fraktion; im Moskauer Stadtsowjet ist die Partei hingegen nur durch einen Deputierten vertreten. Seit 1991 gibt die Partei ein »Informationsbulletin« heraus. Die FDPR ist Mitglied der Liberalen Union und unterhält Kontakte zur SPD.

Die FDPR kämpft in der Bewegung »Demokratisches Rußland« gegen die bedingungslose Unterstützung Jelzins und der Regierung. Sie forderte auf ihrem II. Parteitag am

15./16. Januar 1993, eine Verfassungsgebende Versammlung, welche die neue Verfassung zu verabschieden hätte, durch ein Referendum einzuberufen; dennoch nahm Marina Salje an der Verfassungskonferenz im Juni/Juli 1993 in Moskau teil. Zur Propagierung der Idee einer Verfassungsgebenden Versammlung führt die Partei in verschiedenen Großstädten praktisch-wissenschaftliche Konferenzen durch. Auf einer dieser Konferenzen wurde in St. Petersburg ein gesellschaftliches Komitee für die Einberufung einer Verfassungsgebenden Versammlung gegründet, dessen Gründungsdokument 20 städtische Organisationen unterzeichneten.

b) Partei der wirtschaftlichen Freiheit

Sozusagen als Partei der Unternehmer wurde am 14. Mai 1992 die »Partei der wirtschaftlichen Freiheit« (PWF) von 500 Personen gegründet, zumeist Makler und Vertreter anderer Wirtschaftsstrukturen; die Partei wurde am 22. Juni 1992 registriert. Die Zahl der Mitglieder wird auf zirka 50000 und die der Anhänger der Partei auf 250000 geschätzt. Die Partei wird von drei Ko-Vorsitzenden geführt, vom Chef der russischen Rohstoffbörse Konstantin Borowoj, der auch an der Verfassungskonferenz teilnahm, von Wiktor Solotarew und von dem bekannten Augenchirurgen Swjatoslaw Fedorow. Dem Führungsorgan der Partei, dem Politrat, gehört der bekannte ehemalige Dissident Wladimir Bukowskij an. Auf Initiative der Partei wurde der »Rat der konstruktiven Kräfte« gebildet. Ihren ersten Kongreß hielt die PWF Anfang Dezember 1992 ab; auf ihm wurde auch das Parteiprogramm verabschiedet. Die PWF hat Kontakt zur Demokratischen und Republikanischen Partei in den USA und zu konservativen Parteien in Europa. Die PWF gibt in einer Auflage von 100000 Exemplaren die Zeitung »Srotschno w nomer« (»Schnell in die Nummer«) heraus.

Die Partei vertritt das Ideal eines starken Staates, der sich aus wirtschaftlichen Angelegenheiten soweit wie möglich heraushält; eines Staates, der bewußt die Gesellschaft formiert als ein Instrument zur Lösung einer begrenzten Zahl von Aufgaben, die bestimmt werden durch demokratisch beschlossene Gesetze. Die PWF verlangt die Schaffung von gesetzlichen

Garantien für das Privateigentum. Sie kritisiert das Privatisierungsprogramm der Regierung und fordert ein höheres Privatisierungstempo. In der gegenwärtigen politischen Krise hat sich die Partei für baldige Neuwahlen ausgesprochen, und zwar von Parlament und Präsident zugleich. Zu diesem Zweck müßte sehr bald ein neues Wahlgesetz beschlossen werden. Für eine Übergangszeit würde auch eine Regelung genügen, die keine vollständige neue Verfassung, sondern nur ein Verfassungsgesetz, das die Hauptstreitfragen regelt, verabschieden würde.[65]

c) Demokratische Partei der Ukraine

Die »Demokratische Partei der Ukraine« (DPU) versteht sich als eine Strömung, die sich auf dem linken Flügel des parteipolitischen Spektrums des Landes ansiedelt. Sie wurde am 15./16. Dezember 1990 in Kiew gegründet und ist aus der Bewegung »Ruch« hervorgegangen. Dabei spielte bei einigen Führern der »Ruch« die Überlegung eine Rolle, »Ruch« in eine politische Partei umzuwandeln. Die DPU ist auch als einzige demokratische Partei der Ukraine kollektives Mitglied von »Ruch«.

Die 523 Gründungsdelegierten vertraten 2763 Parteimitglieder. An der Gründung der Partei beteiligten sich vier Volksdeputierte der UdSSR und sieben der Ukraine. Neben 66 Arbeitern setzten sich die Delegierten zu mehr als 70 Prozent aus Wirtschaftsexperten, Wissenschaftlern und Kulturschaffenden zusammen.

Die Partei wird von einem Nationalen Rat geführt, dem 83 Mitglieder angehören, darunter auch einige Mitglieder des Obersten Sowjet der Ukraine. Zum Parteivorsitzenden wurde mit 413 Stimmen Jurij Badsjo gewählt. Im Obersten Sowjet der Ukraine ist die Partei mit 23 Deputierten vertreten. Ende Juni 1991 konnte sich die DPU registrieren lassen, weil sie die damals nach ukrainischem Parteiengesetz vorgeschriebene Mindestmitgliederzahl von 3000 erreicht hatte. Zwei Drittel der Parteimitglieder verteilen sich auf die östlichen und ein Drittel auf die westlichen Landesteile. Die

---

65 Nesawissimaja gaseta (Unabhängige Zeitung), 12. 5. 1993.

DPU rekrutiert, trotz eines gewissen Anteils von Bauern und Arbeitern, zu 70 Prozent ihre Mitglieder aus den Akademikerschichten.

Die DPU verabschiedete auf ihrem Gründungsparteitag auch ein kurzes Programm, das die Schaffung eines demokratischen Rechtsstaates in der Ukraine vorsieht. Unter wirtschaftlichen Gesichtspunkten setzt sich die Partei für die freie Entwicklung aller Eigentumsformen und für die volle wirtschaftliche Unabhängigkeit der Ukraine als Voraussetzung für ihre politische Souveränität ein. Zur politischen Souveränität gehört nach ihrem Verständnis auch eine unabhängige Außenpolitik. Die Armee soll, laut DPU-Programm, radikal verkleinert und in eine Berufsarmee umgewandelt werden.

7. Zentristische Parteien

a) Demokratische Partei Rußlands

Die Initiative zur Gründung der »Demokratischen Partei Rußlands« (DPR) ging von verschiedenen Gruppen aus. Als erste ist die Leningrader Volksfront zu nennen, unter Führung von Marina Salje, inzwischen Volksdeputierte sowie des Präsidiums des St. Petersburger Stadtsowjet und Vorsitzende von dessen Kommission für Lebensmittelversorgung. Zu den DPR-Initiativgruppen gehörten auch Moskauer Vertreter der »Demokratischen Plattform in der KPdSU« mit den beiden Volksdeputierten der UdSSR Nikolaj Trawkin und Gennadij Burbulis sowie Igor Tschubajs an der Spitze. Auch die »Interregionale Gruppe« der Volksdeputierten der UdSSR spielte mit einem ihrer Führer Arkadij Muraschow bei der Parteigründung eine Rolle.

Die DPR wurde auf dem Gründungskongreß am 26./27. Mai 1990 in Moskau als Vereinigte Partei im Rahmen der UdSSR gegründet und am 14. März 1991 registriert. Bereits am zweiten Kongreßtag kam es zur ersten Spaltung der jungen Partei: Während die Mehrheit Trawkin folgte, der für die Wahl nur *eines* Parteivorsitzenden eintrat, wollte eine Minderheit – wie auch in anderen Parteien geschehen – das Institut der Ko-Vorsitzenden einführen, um der Gefahr populistischer Diktaturbestrebungen eines alleinigen Vorsitzenden vorzubeugen;

diese Minderheit trat aus der DPR aus. Die Leningrader Gruppe unter Marina Salje blieb – trotz ihrer kritischen Haltung – vorerst in der Partei und gründete die freidemokratische Fraktion, die sich Ende Juni 1991 zur »Frei-demokratischen Partei Rußlands« unter Führung von Salje weiterentwickelte.

Der I. Ordentliche Parteitag der DPR fand am 1./2. Dezember 1990 in Moskau statt. Er verabschiedete ein Statut, das auf dem III. Parteitag am 7./8. Dezember 1991 abgeändert wurde[66], und wählte den Volksdeputierten Nikolaj Trawkin zum Parteivorsitzenden. Dieses Amt hatte Trawkin bis Ende 1992 inne. Seither bezeichnet er sich als Parteiführer im Sinne eines Ehrenamtes ohne bestimmte Verpflichtungen. Auf diese Weise versucht er, den Auflagen des Generalstaatsanwaltes zu entsprechen, nach denen die Vermischung von Parteifunktion und seinem neuen Amt, der Leitung der Verwaltung des Bezirks Schachowskij, nicht Rechtens ist. Als Konsequenz aus dem Referendum vom 25. April 1993 legte Trawkin auch sein Parlamentsmandat nieder. Die Moskauer und St. Petersburger Bevölkerung, so Trawkins Argumentation, hätte in dem Referendum den Deputierten ihr Mißtrauen ausgesprochen. Deshalb sollten diese ihre Mandate niederlegen, unabhängig von ihrer politischen Ausrichtung.[67] Die organisatorische Arbeit der Partei leitet der Vorsitzende der Parteileitung, Walerij Chomjakow.

Das Programm der Partei wurde erst auf dem II. Parteitag am 28. April 1991 in Moskau verabschiedet; hier kam es zu einer weiteren Spaltung der Partei: Einer der Führer der Opposition war Schachweltmeister Garri Kasparow, der bisher wesentlich zur Finanzierung der Parteiarbeit beigetragen hatte. Kasparow gehörte der liberalen Fraktion der DPR an und war im Januar 1991 zum Vorsitzenden der Moskauer Parteiorganisation gewählt worden. Kasparow wollte aus der DPR eine antikommunistische Partei machen, während sich

---

66 Ustaw Demokratitscheskoj partii Rossii (S ismenijami, prinjatimi na III sesda DPR (Statut der Demokratischen Partei Rußlands, mit Änderungen angenommen auf dem III. Parteitag der DPR), in: Materialy III Sesda DPR (7–8 dekabrja 1991 g.) (Materialien des III. Parteitages des DPR [7.–8. Dezember 1991 g.]) Moskau 1992, S. 48–60.
67 Radio Rußland, 29. 4. 1993.

Trawkin mit der Ablehnung des Kommunismus zufrieden gab. Die Ablehnung des Kommunismus bedeutet nicht, daß man auch ehemalige Kommunisten als neue DPR-Mitglieder ablehnen würde. Nachdem das Programm der Opposition auf dem Parteitag keine Mehrheit fand, verließen 100 Delegierte, das heißt ein Viertel der Parteitagsdelegierten, unter Führung von Kasparow und Muraschow die DPR.

Die DPR hat 60000 Mitglieder in 700 Ortschaften in 87 Föderationssubjekten, mit Ausnahme von Tschetschenien und Kabardino-Balkarien. Der Mitgliederstamm setzt sich zur Hälfte aus Angehörigen der Intelligenz und zu 30 Prozent aus Geschäftsleuten und Unternehmern der neuen Kooperativen zusammen, aber auch aus Arbeitern und Genossenschaftsbauern. Die Partei verfügt über direkte Kontakte zu Betrieben, hat jedoch nicht genügend Kraft und Einfluß, um die Führung der Arbeiterbewegung übernehmen zu können. Sie sucht die Zusammenarbeit mit den neuen unabhängigen Gewerkschaften der Bergleute, der Fluglotsen, der Piloten sowie mit jenen, die im Kommunikationsbereich tätig sind.

Ende 1992 war die DPR mit fünf Deputierten in der Fraktion »Wechsel – eine neue Politik«, die zum »Demokratischen Zentrum« gehört, im Volkskongreß vertreten: Hierbei handelte es sich um Anatolij Ababko, Jewgenij Ambarzumow, Aleksandr Gawrilow, Igor Murawjew und Michail Tolstoj. Im Moskauer Sowjet bilden die DPR-Mitglieder eine eigene Fraktion mit neun Abgeordneten. Die DPR-Fraktion des St. Petersburger Sowjet zählt 13 Deputierte. Die DPR stellt drei Mitglieder des Präsidiums des St. Petersburger Stadtparlaments, und zwar die Vorsitzenden der Kommissionen der Volksvertretung für Wissenschaft und Hochschulen, für Handel und Dienstleistungen sowie für Jugendfragen, Körperkultur und Sport. Seit Juli 1990 gibt die Partei die »Demokratische Zeitung« heraus.

Anfänglich widersetzte sich Trawkin der Gründung der Bewegung »Demokratisches Rußland«. Erst unter dem Druck Kasparows und nachdem im Oktober 1990 viele regionale DPR-Organisationen am Gründungskongreß der Bewegung teilgenommen hatten, änderte Trawkin seine Haltung in dieser Frage: Die DPR trat im Januar 1991 der Bewegung »Demokratisches Rußland« bei; inzwischen ist sie schon wieder ausgeschieden. Die Partei stellte zeitweise mit Trawkin und Chomjakow zwei Mitglieder des Koordinationsrates sowie des Vertreterrates der Bewegung. Aber auch auf regionaler Ebene hatte die DPR innerhalb der Bewegung »Demokratisches Rußland« eine starke Stellung und bildete quasi das Rückgrat von »Demokratisches Rußland«.

Trawkin gründete am 19. April 1991 den rechts-zentristischen, »konstruktiv-demokratischen« Block »Volkskonsens«; an diesem sind außer der DPR die RChDB und die Konstitutionell-Demokratische Partei (Partei der Volksfreiheit) beteiligt. Im März 1992 bildete die DPR mit der »Volkspartei Freies Rußland« den Block »Bürgerunion«, im April 1992 kam Wolskijs Allrussische Union »Erneuerung« hinzu. Ziel war es, das Reformtempo zu korrigieren. Inzwischen ist die DPR auch aus der »Bürgerunion« ausgeschieden und distanzierte sich von den damaligen Bestrebungen der »Bürgerunion«, Ruzkojs Kandidatur für das Amt des russischen Präsidenten zu favorisieren.

Die Partei hat sich die Aufgabe gestellt, Rußland auf gewaltlosem Wege in ein zivilisiertes Land zu verwandeln. Die DPR versteht sich als eine Partei, für die die Freiheit des Menschen der höchste Wert ist. Sie läßt sich von folgenden Grundsätzen leiten: Der Mensch hat von Geburt an individuelle Freiheiten (wirtschaftliche, politische, konfessionelle usw.). Hauptgarant dieser Freiheit ist die Bürgergesellschaft. Die Gewaltenteilung ist neben der Dezentralisierung der wichtigste Mechanismus zum Schutz der Freiheit des Menschen. Die DPR setzt sich für die Durchführung vorgezogener Parlamentswahlen nach einem gemischten Wahlrecht ein; in diesem Sinne beteiligte sich die Partei auch an der Verfassungskonferenz im Juni/Juli 1993 in Moskau. Den Parlamentswahlen könnten, nach Vorstellung der Partei, vorgezogene Präsidentschaftswahlen im Frühjahr 1994 folgen.

Die DPR ist der Ansicht, daß der Präsident über den politischen Machtgruppen stehen muß. Deshalb sollte er über keine Exekutivgewalt verfügen, dafür aber über hohe moralische Autorität. Präsident sollte darum kein Politiker, sondern eine herausragende gesellschaftliche Persönlichkeit sein.

Die DPR ist in der politischen Mitte angesiedelt. Sie spricht sich in ihrem Programm, das auf dem III. Parteitag Anfang Dezember 1991 verabschiedet wurde[68], für die Marktwirtschaft aus und tritt für eine weitgehende und unverzügliche Privatisierung ein. Die Partei stimmt den Reformzielen Jelzins zu, verfolgt aber eine andere Taktik. In der nationalen Frage tritt die DPR für den Erhalt Rußlands als souveräner und einheitlicher Staat ein.

Bei der DPR hat das Privateigentum Priorität, aber auch andere Eigentumsformen sollten, laut Programm, möglich sein. Diese Ausrichtung führte dazu, daß verstärkt Unternehmer in die Partei eintraten und entsprechend spendeten. Mitte September 1991 legte sich die DPR einen Politischen Rat zu, dem unter anderem der Vorsitzende der Kommission des Obersten Sowjet für Internationale Angelegenheiten und Außenwirtschaftsbeziehungen Jewgenij Ambarzumow, der Philosoph Aleksandr Zipko und der schon erwähnte Swjatoslaw Fedorow angehören. Zwei Drittel der Mitglieder dieses Politischen Rates sind keine DPR-Mitglieder.

Das nationale außenpolitische Interesse Rußlands ist laut DPR von Moskau bisher noch nicht formuliert worden. Die vielen neuen Zollgrenzen innerhalb der ehemaligen Sowjetunion minderten, so die Klage der Partei, den Waren- und Kapitalaustausch zwischen den und innerhalb der UdSSR-Nachfolgestaaten. Das START-II-Abkommen entspreche nicht den nationalen Interessen Rußlands.

Laut Einschätzung der Partei wäre eine Berufsarmee für Rußland besser als eine Wehrpflichtarmee; diese sei aber zu teuer. Es wäre ein Fehler, wenn Rußland seine Truppen wegen der für die Russen schlechten Bürgerrechtssituation weiterhin in Estland und Lettland belassen würde, denn das

---

[68] Programma Demokatitscheskaj partii Rossii (prinjataja na III sesde DPR) (Programm der Demokratischen Partei Rußlands [angenommen auf dem III. Parteitag DPR]), in: Materialy III Sesda DPR... a.a.O., S. 39–47.

würde in beiden Ländern Gegenreaktionen hervorrufen. Vielmehr müßten die Russen, die aus diesen Ländern nach Rußland zurückkommen, Wohnung und Arbeit erhalten. Andererseits sei die Situation eine zweischneidige, weil es in den beiden baltischen Staaten wegen des Weggangs der russischen Facharbeiter wahrscheinlich zu Fabrikstillegungen kommen werde.

b) Volkspartei Rußlands

Die »Volkspartei Rußlands« (VPR) wurde am 19. Mai 1991 in Selenograd gegründet und am 21. November 1992 registriert. Sie ist in 45 Gebieten vertreten und hat 10000 Mitglieder, meist Angehörige der Intelligenz. Zu diesen gehören auch drei Volksdeputierte: Aleksandr Surkow, Wladimir Warow und Wladimir Rebrikow, der zugleich der Duma der rechten »Russischen Nationalversammlung« angehört. Geleitet wird die Partei von den beiden Ko-Versitzenden Telman Gdljan und Oleg Borodin. An ihrem II. Parteitag am 20./21. Juni 1992 in Moskau nahmen Gäste des demokratischen Soldatenverbandes »Schild«, der Gesellschaft »Memorial«, die ihre Tätigkeit den Opfern des Totalitarismus widmet, der RPRF und anderer Gruppierungen teil.

Die VPR gibt die Zeitung »Nowaja Rossija« (»Neues Rußland«) heraus. »Neues Rußland« ist zugleich der Name für einen neuen oppositionellen Block, zu dem sich 18 Parteien und Organisationen Ende November 1992 zusammengeschlossen haben, darunter die VPR, die »Offiziere für Demokratie« unter Leitung des ehemaligen KGB-Generals Oleg Kalugin, die Bauernpartei unter Jurij Tschernitschenko und die LDPR unter Schirinowskij. Die VPR unterhält Kontakte zur Demokratischen Partei in den USA und zu Parteien in Spanien, Italien, Polen und der Tschechei.

Die Partei bekennt sich zur Gewaltenteilung und zu einer offenen Marktwirtschaft, die in die Weltwirtschaft integriert ist und in der verschiedene Eigentumsformen miteinander konkurrieren. Die Partei unterstützt den Reformkurs Jelzins, aber nicht in jedem Punkt. Deshalb steht die VPR in »demokratischer Opposition« zum Präsidenten. Gdljan beteiligte sich an der Verfassungskonferenz im Juni/Juli 1993 in Moskau.

c) Volkspartei Freies Rußland

Eine »Volkspartei Freies Rußland« (VPFR) entstand als »Demokratische Partei der Kommunisten Rußlands« auf Initiative des Führers der »Kommunisten für Demokratie« Aleksandr Ruzkoj.[69] Der zwischenzeitlich zum Vizepräsidenten aufgestiegene Ruzkoj ließ sich am 22. September 1993 vom Obersten Sowjet zum Gegenpräsidenten der Russischen Föderation wählen und vereidigen, nachdem Jelzin durch ein Dekret tags zuvor die Vollmachten des mehrheitlich reformfeindlichen Volksdeputiertenkongresses und des Obersten Sowjet außer Kraft gesetzt und für den 12. Dezember 1993 vorgezogene Parlamentsneuwahlen angeordnet hatte. Wegen seiner Anführerschaft im Putschversuch gegen Jelzin wurde Ruzkoj am 4. Oktober 1993 verhaftet und seine Partei vorläufig verboten. Die Gründungskonferenz dieser Partei, die sich zuerst innerhalb der KPdSU konstituierte, fand am 2./3. August 1991 statt. Nach dem Verbot der KPdSU erklärte sich die VPFR zu einer selbständigen Partei und wurde am 18. September 1991 registriert. Vorsitzender des Vorstandes der »Demokratischen Partei der Kommunisten Rußlands« (DPKR) wurde Wassilij Lipizkij.

Wegen der Diskreditierung der Kommunisten gab sich die Partei auf ihrem ersten und bisher einzigen Parteitag am 27. Oktober 1991 den neuen Namen »Volkspartei Freies Rußland« und wählte Ruzkoj zu ihrem Vorsitzenden. 29,5 Prozent der Delegierten waren in den Bereichen Wissenschaft, Kunst, Erziehung und Gesundheitswesen beschäftigt, 26,8 Prozent waren Staats-, Partei- und Verwaltungsfunktionäre, 11,9 Prozent gehörten dem ingenieurtechnischen Personal an oder waren Landwirtschaftsspezialisten, 10,5 Prozent waren Unternehmer, 6,1 Prozent Rentner, 5 Prozent Armeeangehörige, 2,3 Prozent Arbeiter und 1,1 Prozent Kolchosbauern. Auf dem I. Parteitag verabschiedete die Partei

---

69 Vgl. dazu auch: Galina Luchterhand, Ruzkoj im Aufwind. Rußlands Vizepräsident und seine »Volkspartei Freies Rußland«, in: Osteuropa, 1/1993, S. 3–20.

ein Statut[70] und eine Prinzipiendeklaration[71]; registriert wurde die Partei am 18. September 1991. Lipizkij wurde inzwischen Vorsitzender der Parteileitung.

Die VPFR zählt 19000 Mitglieder und ist in fast allen 89 Regionen vertreten, bis auf einige wenige nördliche Gebiete. Im Volkskongreß stellte die Partei 50 Deputierte der zentristischen Fraktion »Freies Rußland«. Zur Fraktion gehörten unter anderem Nikolaj Rjabow, Stellvertretender Vorsitzender des Obersten Sowjet, und Michail Mitjukow, Vorsitzender des Ausschusses für Gesetzgebung und in dieser Funktion Mitglied des Präsidiums des Obersten Sowjet. Auch in vielen Sowjets ist die VPFR durch Deputierte vertreten, meistens besser als in den Verwaltungsorganen. Im Dezember 1991 trat die Partei der »Bewegung für demokratische Reformen« bei, aus der später die »Russische Bewegung für demokratische Reformen« hervorging. Ein halbes Jahr später gehörte die VPFR zu den Gründungsmitgliedern der »Bürgerunion«. Die Partei legte sich eine eigene registrierte Jugendorganisation zu. Das Organ der Partei ist die Zeitung »Rossijskoje wremja« (»Russische Zeit«) mit einer Auflage von 90000 Exemplaren allein in Moskau.

Die VPFR siedelt sich in der Mitte des politischen Spektrums an: Sie ist sowohl dem Regime gegenüber kritisch, das vor allem von der Bewegung »Demokratisches Rußland« vertreten wird, als auch der »Russischen Einheit« gegenüber, die in fundamentalistischer Opposition zum Regime steht. Die VPFR strebt eine evolutionäre Entwicklung mit dem Ziel der sozialen Marktwirtschaft und allgemeine Chancengleichheit an; so stand es auch in dem Papier, auf dessen Grundlage Ruzkoj 1991 zur Kandidatur als Vizepräsident bereit war. Die VPFR prangert den bürokratisch-mafiösen Weg des Übergangs zur Marktwirtschaft an, der nach Ansicht der Partei von der Jelzin-Mannschaft beschritten wird.

---

70 Ustaw Narodnoj partii Swobodnaja Rossija (Statut der Volkspartei Freies Rußland), in: Materialy perwogo sesda DPKR – Narodnoj partii Swobodnaja Rossija, Moskwa 26–27 oktjabrja 1991 goda (Materialien des ersten Kongresses der VPFR – Volkspartei Freies Rußland, Moskau 26.–27. Oktober 1991), Moskau 1992, S. 23–31.
71 Deklarazija prinzipow (Prinzipiendeklaration), in: Materialy perwogo sesda DPKR... a.a.O., S. 19–22.

Am umstrittensten war nach Ansicht der VPFR bei der Ausarbeitung einer neuen Verfassung jahrelang die Frage der Autonomie, also die Frage nach der Abstufung der regionalen Gliederung; erst in letzter Zeit ist der Streit um die zentralen Staatsorgane hinzugekommen. Kritik am Verfassungsentwurf des Präsidenten muß hinsichtlich seines vorgesehenen Rechts zur Auflösung des Parlaments geübt werden: Die VPFR, die sich im Juni/Juli 1993 in der Person Lipizkijs an der Verfassungskonferenz beteiligte, stimmt nur einem eng begrenzten Recht des Präsidenten zu, das Parlament aufzulösen, beispielsweise nicht im ersten Jahr der Legislaturperiode oder auf die einmalige Ausübung dieses Rechts beschränkt. Die VPFR hatte als erste Partei bereits im Oktober 1992 Neuwahlen als Ausweg aus der politischen Krise vorgeschlagen.

Die VPFR setzt sich für die Verwirklichung eines realen Föderalismus ein: wirkliche Selbständigkeit der regionalen Einheiten, politische Vollmachten für sie bei Erhaltung der staatlichen Integration in der Russischen Föderation. Die VPFR ist für eine Gleichstellung aller Einheiten in der regionalen Gliederung; dies soll aber nicht durch Beschneidung der Selbständigkeit der Republiken, sondern durch Erweiterung des Spielraums der Gebiete vollzogen werden.

Jelzin betreibe, so die Kritik der Partei, einen verbalen Regionalismus bei praktisch vollzogenem Unitarismus. So sollen heute 70 Prozent der staatlichen Einnahmen an die Zentrale abgeführt werden, mehr als zu Zeiten der UdSSR. Doch in der Praxis überweisen die Republiken nur noch das nach Moskau, was sie wollen, und finanzieren nur noch das, was sie möchten. Sollte Jelzin mit aller Macht versuchen, seine Verfassung durchzudrücken, dann würden sich die Republiken »einpuppen«. Es würde dann das gleiche geschehen wie nach Beendigung des Putsches: Damals löste sich die UdSSR auf, jetzt würde sich in einem solchen Fall die Russische Föderation auflösen.

Zusammen mit den UdSSR-Nachfolgestaaten sollte nach Vorstellung der VPFR versucht werden, einen Raum der Übereinstimmung zu finden, um eine wirkliche GUS mit all denjenigen Staaten zu schaffen, die eine reale Gemeinschaft anstreben: mit Koordinierungsorganen, mit gemeinsamer

Staatsbürgerschaft sowie mit gemeinsamer Nationalitäten- und Verteidigungspolitik.

Die VPFR verweigert sich dem Streit darüber, ob Rußland eher Europa oder Asien zuzurechnen ist: Rußland sei eine eigene Welt in der Welt. Rußland sollte, so die Einschätzung, seine Außenpolitik in einer multipolaren Welt ausgewogen nach allen Seiten hin betreiben. Gegenwärtig sei die russische Außenpolitik zu amerikanisch; sie habe zu wenig Dynamik hinsichtlich der Europapolitik. Die VPFR warnt vor dem schwindenden Interesse des Auslands an Rußland; es bestehe die Gefahr eines gewissen Isolationismus.

Die VPFR tritt für eine kleinere Armee mit Kriegsdienstverweigerungsrecht ein. Langfristig soll daraus eine Berufsarmee werden. Während einer gewissen Übergangszeit würden beide Strukturen nebeneinander bestehen. Das Tempo des Abzugs der russischen Truppen aus Estland und Lettland muß nach Ansicht der Partei in einem Zusammenhang gesehen werden mit der für die in den beiden baltischen Staaten lebenden Russen unzureichenden Bürgerrechtssituation. Deutschland wird im Gegensatz zu anderen Staaten hervorgehoben, da es besonderes Verständnis für die Probleme des Abzugs der russischen Truppen gezeigt und entsprechende finanzielle Hilfe gewährt habe.

Weil ein Teil der VPFR unter Lipizkij fast bis zur letzten Minute vor der Beschießung des Weißen Hauses am 4. Oktober 1993 Ruzkoj durch Kurierdienste unterstützt hat, steht die Partei jetzt vor der Auflösung. Es gibt starke Bestrebungen, die von der Moskauer Parteiorganisation getragen werden, sich mit der VPR zu vereinigen.

*d) Konstitutionell-demokratische Partei
(Partei der Volksfreiheit)*

Die »Konstitutionell-demokratische Partei (Partei der Volksfreiheit)« (KDP-PVF) bildete sich am 15./16. Juni 1991 in Moskau neu. Sie knüpft an die Tradition der 1905 gegründeten gleichnamigen Partei an, die nach den beiden Anfangsbuchstaben K und D der russischen Konstitutionell-Demokratischen Partei auch Kadettenpartei genannt wurde. Diese Partei bildete in der 1. Reichsduma 1906 mit 179 Abgeordneten die stärkste Fraktion. Zu ihren Führern gehörten damals unter anderem Fürst Trubezkoj und Pawel Miljukow. Die Kadettenpartei war nach dem Sturz des Zaren im Februar 1917 maßgeblich an der Bildung der bürgerlichen Regierung beteiligt. In der sozialdemokratisch bestimmten Regierung unter Regierungschef Aleksandr Kerenskij war Miljukow bis zum Sturz der Regierung durch die bolschewistische Oktoberrevolution am 7. November 1917 Außenminister.

Am Gründungskongreß der neuen Partei nahmen 45 Delegierte aus 24 Regionen teil. In ihr Programm nahm die KDP-PVF die wichtigsten Aussagen der alten Kadettenpartei auf; die KDP-PVF wurde am 25. September 1991 registriert. Am 25./26. September 1992 veranstaltete die Partei in Moskau ihren XII. Parteitag mit 84 Delegierten aus 17 Regionalorganisationen.

Die Partei hat 4000 Mitglieder, auch in der Ukraine, in Weißrußland und in Kasachstan. Die Mitglieder der Partei setzen sich aus wissenschaftlich-technischer und geisteswissenschaftlicher Intelligenz zusammen sowie aus Unternehmern und Arbeitern. Parteivorsitzender ist der Volksdeputierte Michail Astafjew, der auf dem VII. Volkskongreß Anfang Dezember 1992 die Fraktion »Eintracht für den Fortschritt« führte. Zugleich ist er einer der Führer des reaktionären Fraktionsblocks »Russische Einheit«. Die Partei ist mit der RChDB und der DPR Mitglied des Blocks »Volkskonsens«. Wie die anderen beiden Parteien trat die KDP-PVF vorher aus der Bewegung »Demokratisches Rußland« aus. Die KDP-PVF gibt in einer Auflage von einer Million die Zeitung »Obosrewatel« (»Berichterstatter«) heraus.

Die KDP-PVF tritt – obwohl sie in Opposition zu Jelzin steht – für eine Präsidialrepublik und ein Zweikammer-Parlament ein. So nahm die Partei im Juni/Juli 1993 an der Verfassungskonferenz teil. Die Partei strebt die Errichtung der sozialen Marktwirtschaft an mit dem Recht auf Privateigentum und Konkurrenz untereinander. Das Defizit im Staatsbudget soll abgebaut und die Rüstungsausgaben sollen vermindert werden. Jede Nationalität hat laut Programm das Recht auf Selbstverwaltung und kulturelle Autonomie.

e) Allrussische Union »Erneuerung«

Die »Allrussische Union ›Erneuerung‹« (AUE) wurde am 30. Mai 1992 in Moskau auf der Grundlage der »Russischen Union der Industrievertreter und Unternehmer« gegründet, deren Vorsitzender Arkadij Wolskij ist. Die Gründungskonferenz beschloß ein Statut und ein Programmdokument. Die AUE wurde am 10. November 1992 registriert und zählt inzwischen 2000 Mitglieder in 60 Regionalorganisationen der Russischen Föderation. Die AUE wird vom Koordinator und Ko-Vorsitzenden Aleksandr Wladislawzew geführt, der zugleich Stellvertretender Vorsitzender der »Russischen Union der Industrievertreter und Unternehmer« ist. Die AUE bildet zusammen mit der VPFR, der DPR, mit den Jugendorganisationen dieser Parteien und der Fraktion des Volkskongresses »Wechsel – Neue Politik« die »Bürgerunion«.

Die Partei vereinigt in ihren Reihen vor allem Geschäftsleute und Betriebsdirektoren; ihnen gemein ist die Zielsetzung, Rußland aus der Krise zu führen und es zu erneuern. Die AUE steht in konstruktiver Opposition zur Politik Jelzins. So wurde auf dem I. Parteitag Ende Februar 1993 nicht von einer Verfassungskrise, sondern von einer Krise der Einhaltung der Verfassung gesprochen.[72] Das allgemein anerkannte Recht auf Selbstbestimmung der Völker dürfe, so die Warnung der Partei, nicht zum wirtschaftlichen und sozialen Chaos führen und nicht in Widerspruch geraten zu den bürgerlichen Rechten sowie zur Einheitlichkeit und staatlichen Unversehrtheit Rußlands. Die Partei, die sich zum Prinzip der Gewaltenteilung bekennt, setzt sich für eine vernünftige Dezentralisierung ein.[73]

Ziel der AUE ist ein starker demokratischer Staat mit einer effektiven, sozial orientierten regulierten Marktwirtschaft. Dazu sei die Freiheit zu unternehmerischer Tätigkeit nötig. Ohne die Lösung der Frage der Privatisierung und ohne staatliche Unterstützung kleinerer sowie mittlerer Betriebe werde das nicht möglich sein. Die neue Wirtschaftspolitik sei

---

72 Russisches Fernsehen, 27. 2. 1993.
73 Rabotschaja tribuna (Arbeitertribüne), 16. 6. 1992.

nur bei einer starken Rolle des Staates möglich. Reformen könnten allerdings nicht durchgeführt werden, die auf Kosten der Bevölkerung gingen und eine Zunahme der sozialen Spannungen provozierten.[74]

f) Ukrainische Republikanische Partei

Die »Ukrainische Republikanische Partei« (URP) entstand aus den ukrainischen Helsinki-Gruppen, die unter Breschnew die Einhaltung der Menschenrechtsverpflichtungen kontrollierten, welche die UdSSR 1975 durch ihre Unterschrift unter die Schlußakte der Konferenz für Sicherheit und Zusammenarbeit in Europa in Helsinki garantiert hatte. Diese Helsinki-Gruppen, die sich zur »Ukrainischen Helsinki-Union« zusammenschlossen, waren ein sehr wichtiger Bestandteil der Aktivitäten der Bewegung »Ruch«.

Mit rund 12000 Mitgliedern und fester Verankerung insbesondere in der Westukraine und im Donbass ist die am 29./30. April 1990 in Kiew gegründete Formation die stärkste und am besten organisierte unter den neuen demokratischen Parteien der Ukraine.[75] Am Gründungsparteitag nahmen nicht nur 495 Delegierte teil, die 247 Ortsgruppen vertraten, sondern auch Repräsentanten der ukrainischen Emigranten aus den USA, aus Kanada, Belgien und Österreich. Im Obersten Sowjet bildet die URP mit elf Deputierten eine eigene Fraktion. Die Partei gibt die Zeitung »Holos widrodschennia« (»Stimme der Wiedergeburt«) heraus.

Die Mitglieder der URP setzen sich vor allem aus Arbeitern und Angestellten zusammen; zunehmend treten auch Bauern in die Partei ein. Die Intellektuellen machen einen Mitgliederanteil von 30–35 Prozent aus. Wie auch in den anderen Parteien ist der Jugendlichenanteil unter den Mitgliedern sehr gering; die Jugendlichen werden im allgemeinen als politisch passiv eingeschätzt. Umfragen zufolge würde die URP bei

---

74 Rabotschaja tribuna (Arbeitertribüne), 11. 9. 1992.
75 Vgl. auch dazu: Rolf Göbner, Die demokratische Opposition in der Ukraine, in: Osteuropa, 9/1991, S. 864–875.

Wahlen in ihren Hochburgen 60-70 Prozent der Stimmen erhalten, in den anderen Landesteilen allerdings bedeutend weniger.

Die national-demokratische Linie der URP zerfällt in zwei Strömungen, an denen die Partei während ihres II. Parteitages von Anfang Juni 1991 fast zerbrochen wäre. Ein Jahr später erfolgte dann doch die Abspaltung: Der bisherige stellvertretende URP-Chef Stepan Chmara verließ auf dem III. Parteitag Anfang Mai 1992 mit 60 Anhängern die URP und gründete im Mai 1992 die ausgeprägt nationalistische »Ukrainische Konservative Republikanische Partei«. Chmara plädierte auf dem Parteitag für die Auflösung des Obersten Sowjet und für Neuwahlen; er warf damals der URP vor, mit dem ukrainischen Präsidenten Leonid Krawtschuk zu paktieren. Zum neuen Parteivorsitzenden wurde auf dem III. Parteitag der Deputierte Myhajlo Horyn gewählt, nachdem sein Vorgänger, der Deputierte und frühere Dissident Lewko Lukjanenko, zum ersten ukrainischen Botschafter in den USA ernannt worden war. Lukjanenko wurde Ehrenvorsitzender der Partei.[76]

Die Zielsetzung der Partei, die bisher hauptsächlich in der Erlangung der Eigenstaatlichkeit für die Ukraine bestand, erfuhr nach dem Kongreß bestimmte Änderungen: Jetzt ist die Tätigkeit der Partei auf den Ausbau und die Konsolidierung der gesellschaftlich-politischen Kräfte der Republik zum Aufbau der Staatlichkeit der Ukraine gerichtet. Sicherheitspolitisch tritt die Partei für die Schaffung einer ukrainischen Berufsarmee ein.

Das Verhältnis zur Bewegung »Ruch« ist durch nationalistische Töne innerhalb der URP belastet, weswegen die Partei der Bewegung nicht angehört. Nur einzelne Parteimitglieder arbeiten bei »Ruch« mit und sind auch in den Führungsgremien der Bewegung vertreten. Zeitweise gehörten sieben Führungsmitglieder der »Ruch« der URP an.

---

76 Radio Ukraina, 3. 5. 1992.

8. Nationalistische Parteien

a) National-republikanische Partei Rußlands

Die »National-republikanische Partei Rußlands« (NRPR) wurde am 8. April 1989 in Leningrad gegründet. Sie ging aus dem »Russisch national-patriotischen Zentrum« hervor, das aus einem Flügel der national-faschistischen Vereinigung »Pamjat« (»Gedächtnis«) entstanden war. Am Gründungskongreß nahmen 74 Delegierte aus Leningrad (St. Petersburg), Wologda, Nowgorod, Waldaja, Nowotscherkassk, Saratow, Nowosibirsk und Pskow (Pleskau) teil. Die Partei, die ihren Sitz in St. Petersburg hat, zählt 5000 Mitglieder und wurde am 15. Februar 1992 registriert.

Im Oktober 1992 trat die NRPR der reaktionären »Front der nationalen Rettung« bei. Vorsitzender des Zentralrates der NRPR und somit Parteivorsitzender ist Nikolaj Lyssenko. Die Partei gibt drei Publikationsorgane heraus: »Golos Rossii« (»Stimme Rußlands«) mit 5000 Exemplaren, »Nasche wremja« (»Unsere Zeit«) mit 25000 Exemplaren und die Zeitung »Wolja Rossii« (»Wille Rußlands«). Die NRPR unterhält die Russische nationale Legion und einen Dienst nationaler Sicherheit. Im November 1991 wurde im St. Petersburger Jugendzentrum eine Nationale Pfadfinderlegion gegründet.

Die NRPR steht in Opposition zu Präsident und Regierung. Sie fordert eine starke Regierung der Einheit, um das politische und wirtschaftliche Chaos im Lande zu bändigen, die Kriminalität einzudämmen und die würdige Existenz des russischen Staates in seinen »natürlichen Grenzen« sicherzustellen. In der Wirtschaft ist die NRPR für einen etappenmäßigen Übergang zur Marktwirtschaft und nicht für den in ihren Augen vonstatten gehenden bürokratisch-mafiösen zu einer Pseudo-Marktwirtschaft.

b) Liberal-demokratische Partei Rußlands

Die »Liberal-demokratische Partei Rußlands« (LDPR) wurde auf ihrem Gründungskongreß am 31. März 1990 in Moskau als legale Partei mit einem Namen gegründet, der die nationalistische Programmatik verschleiert. Auf diesem ersten Parteitag wurde das Statut beschlossen, das auf der Parteikonferenz am 20. Oktober 1990 in Moskau ergänzt und im Februar 1993 erneut geändert wurde.[77] Die LDPR wurde am 14. Dezember 1992 registriert. Eine frühere Registrierung der Partei im April 1992 war im August 1992 wegen grober Verletzung der Gesetze durch die Vorlage gefälschter Dokumente annulliert worden.

Auf ihrem III. Parteitag am 2./3. Mai 1992 in Krasnojarsk beschloß die LDPR eine Prinzipienerklärung und im Februar 1993 änderte die Partei ihr Statut. Die LDPR hat 100 000 Mitglieder in allen 89 Regionen der Russischen Föderation, darunter 20 000 Russen in den baltischen Staaten.[78] Die Regionalorganisationen sind ebenfalls registriert und haben jeweils, gemäß der gesetzlichen Vorschrift, ein eigenes Statut. Die Mitglieder sind zur Hälfte Arbeiter, zu 32 Prozent Vertreter der Intelligenz und zu 18 Prozent Bauern.

Die LDPR entsandte keinen Deputierten in den Volkskongreß, weil sie nicht an der Wahl zum Volkskongreß teilgenommen hat. Sie ist aber in den regionalen und örtlichen Sowjets durch Deputierte vertreten, die bei Nachwahlen nach Parteilisten gewählt wurden. Auf dem Gründungsparteitag wurde Wladimir Schirinowskij zum Parteivorsitzenden gewählt. Er ist nach seiner eigenen Aussage der einzige Parteivorsitzende, der weder Kommunist noch Dissident war. Bei den Präsidentschaftswahlen am 12. Juni 1991 erzielte er mit acht Prozent oder 6 Millionen Stimmen das drittbeste Ergebnis der sechs Präsidentschaftskandidaten. Schirinowskij kandidierte ohne Erfolg auch für das Amt des Oberbürgermeisters (Mayor) von Moskau.

Die LDPR gibt mit einer Auflage von je 50 000 Exemplaren die Zeitungen »Liberal« und »Sokol Schirinowskogo« (»Der Falke Schirinowskijs«) heraus sowie in einer Auflage von 500 000 die »Juriditscheskaja gaseta« (»Juristische Zeitung«). Seit Ende 1992 führt die LDPR am letzten Sonnabend jedes Monats in Moskau im Sokolniki-Park Versammlungen

---

77 Ustaw Liberalno-demokratitscheskoj partii Sowetskogo Sojusa (Statut der Liberaldemokratischen Partei der Sowjetunion), in: Liberalno-demokratitscheskaja partija Sowetskogo Sojusa. Dokumenty i materialy (Liberal-demokratische Partei der Sowjetunion. Dokumente und Materialien), Moskau 1991, S. 52ff.
78 Frankfurter Allgemeine Zeitung, 19. 8. 1992.

durch. Die Partei hat auch eine Jugendorganisation gegründet namens »Falken Schirinowskijs«, die in Kursen Selbstverteidigung trainiert.[79]

Im Dezember 1990 und im Januar 1991 sprach sich Schirinowskij mehrmals dafür aus, den Notstand auszurufen und zeitweilig alle Parteien zu verbieten. Am 27. Februar 1991 nahm Schirinowskij an der von der Kommunistischen Partei der RSFSR organisierten Konferenz »Für ein großes, einheitliches Rußland« teil. Am 19. August 1991 rief er vom Balkon des Hotels »Moskau« am Manege-Platz die Bevölkerung in einer Rede dazu auf, die Putschisten zu unterstützen.

Die LDPR ist keine monarchistische, keine religiöse und keine zentristische Partei. Sie bezeichnet sich als rechtszentristisch und steht in Deutschland der rechten »Deutschen Volksunion« nahe. In München, in Österreich, in Ungarn und in Finnland hat die LDPR Niederlassungen. Die LDPR bezeichnet sich als »liberal«, weil sie laut ihren Aussagen für die Freizügigkeit von Kapital, Wirtschaft und Menschen ist und für die Einhaltung der Menschenrechte eintritt; sie verhält sich aber nicht liberal in der Nationalitätenfrage. Die LDPR sieht im Erhalt des russischen Staates ihre oberste Aufgabe.

Strategisches Ziel der LDPR ist der Aufbau eines russischen Rechtsstaats mit einem Mehrparteiensystem und der Gewährleistung von Privateigentum. Die LDPR ist für einen starken Präsidenten. Insofern stimmt sie dem Verfassungsentwurf von Jelzin zu, obwohl die Partei einen eigenen Verfassungsentwurf vorgelegt hat.[80] Laut diesem Verfassungsentwurf ernennt der Präsident die Regierung ohne Parlamentszustimmung. Wenn trotz wiederholter Versuche Gesetzesprojekte des Präsidenten keine Parlamentszustimmung bekommen, kann der Präsident ein Referendum anordnen, um auf diese Weise eine Zustimmung zum Gesetz zu erhalten. Eine neue Verfassung kann nur durch die Bevölkerung mittels eines Referendums angenommen werden, wobei zwei Drittel der Wahlberechtigten ihr zustimmen müssen.

---

79 Moskau News, 6/1993, S. 6.
80 Proekt LDPR: Konstituzija Rossii (Entwurf der LDPR: Konstitution Rußlands).

Obwohl Schirinowskij an der Verfassungskonferenz Juni/Juli 1993 teilnahm, geht die LDPR nur in begrenztem Maße mit dessen Zielen konform. So kritisiert sie beispielsweise den Präsidentenentwurf hinsichtlich der Regelung der föderativen Angelegenheiten. Sie ist auch gegen die im Jelzin-Entwurf vorgesehene zweite Parlamentskammer, den Föderationsrat, weil dessen Zusammensetzung zuungunsten Rußlands ausfallen würde.

Bei den nächsten Präsidentschaftswahlen wird Jelzin nach Meinung der LDPR nicht mehr kandidieren. Deshalb wird keiner der Präsidentschaftskandidaten beim ersten Wahlgang die erforderlichen 50 Prozent der Stimmen erhalten. Die dann vorgeschriebene Stichwahl wird nach Ansicht der Partei zwischen den beiden Kandidaten mit der höchsten Stimmenzahl, dem Vertreter der Bewegung »Demokratisches Rußland« und Schirinowskij, entscheiden.

Sollten alle Nationalitäten in Rußland das Selbstbestimmungsrecht erhalten, so würde Rußland nach Meinung der LDPR zugrunde gehen. Die LDPR ist für die Aufteilung Rußlands in Gouvernements, ähnlich wie zu Zeiten des Zarenreichs. Maßgeblich sollen dabei historische und wirtschaftliche, nicht nationale Gesichtspunkte sein. Die Gouvernements sollen alle die gleichen Rechte erhalten, müßten aber Rußland eingegliedert sein. Bei der Zentrale sollten gewisse Zuständigkeiten verbleiben, so die für die Außen- und Verteidigungspolitik, für Finanzen, Transport, Energie, Fernmeldewesen und Ökologie. Alle übrigen Fragen, vor allem die der Wirtschaft und Kultur, sollten die Gouvernements selbst regeln. Für den Norden Rußlands fordert die Partei kein Privateigentum. Da dort nur drei Monate Sommer herrschen, sind die klimatischen Bedingungen so schlecht, daß diese Gegend für die Herausbildung von Privateigentum nicht interessant ist.

In der Wirtschaftspolitik fordert die LDPR eine Stärkung des staatlichen Sektors, Begrenzung der Privatisierung, Senkung der Steuern für die Unternehmer und die Vermeidung von Arbeitslosigkeit. Noch für eine längere Zeit soll der Staat der Eigentümer des Bodens bleiben, der allerdings für viele Jahre gepachtet und weiter verpachtet werden kann, ohne ihn verkaufen zu können.

Die LDPR lehnt die GUS ab. Ihrer Einschätzung nach werden alle UdSSR-Nachfolgestaaten freiwillig zu Rußland zurückkehren. Schon jetzt müßten sie merken, daß sie allein wirtschaftlich nicht existieren können. Die LDPR erkennt die KSZE-Schlußakte und den Status quo der Grenzen an. Schirinowskijs frühere Aussagen, daß er Anspruch auf die ehemaligen russischen Gebiete in Polen, Finnland und in den USA (Alaska) erhebe, dienten seiner Aussage nach nur der rhetorischen Abwehr von Gebietsforderungen an Rußland. Rußland soll nach dem Willen der LDPR eine selbständige Außenpolitik betreiben und kein EG- oder NATO-Mitglied werden. Die LDPR geht von einer multipolaren Welt aus, in der keine hegemoniale Supermacht das System beherrscht. Die Partei liebäugelt mit der Bildung einer Achse Berlin-Moskau-Peking als Gegenstück zur atlantischen Achse. Die Beziehungen zu Deutschland sind für die LDPR, die sich als germanophil bezeichnet, von herausragender Bedeutung.

Die LDPR fordert eine große Armee mit einer Stärke von zwei Prozent – nicht ein Prozent, wie es das neue russische Verteidigungsgesetz vorsieht – der Bevölkerung wegen der vielen Sicherheitsrisiken, vor denen Rußland steht: vor allem im Süden (islamische Staaten), gegenüber China wegen der unsicheren Grenze und an der Westgrenze Rußlands zu Polen. Die LDPR unterstützt die Teilnahme von russischen Staaten an UNO-Aktionen. Bei voraussehbarem Risiko von Verlusten sollte allerdings nur technische Hilfe geleistet werden.

B. Bewegungen, Blöcke, Parteikoalitionen

I. Rußland

1. Demokratisches Rußland

Am Anfang des Demokratisierungsprozesses standen nicht die politischen Parteien, sondern die demokratischen Bewegungen, aus denen die meisten Parteien hervorgingen. Die Bewegungen sind eine Eigenschöpfung des Demokratisierungsprozesses in der ehemaligen Sowjetunion. Die Bewegungen haben im strengen Sinne keine Mitglieder, weil sie keine Parteien sind. Aber sie können sich auf eine große Zahl von Aktivisten stützen, die in den Zeiten des Kampfes gegen die KPdSU in kurzer Zeit Zehntausende auf die Straßen brachten. Die Bewegungen stellten die demokratischen Kandidaten bei den Wahlen zu den Parlamenten der drei slawischen Republiken im Frühjahr 1990 auf.

Die Bewegung »Demokratisches Rußland« (DR) entstand am 20./21. Januar 1990 als Wählerblock.[81] Am 20./21. Oktober 1990 wurde dann der Schritt zur Bildung einer demokratischen Bewegung vollzogen. Folgende Parteien waren kollektive DR-Mitglieder: SDPR, RPRF, RChDB, die FDPR, die KDP-PVF, die Partei der freien Arbeit und die Bauernpartei. Die DPR trat der Bewegung nicht bei, wohl aber eine Reihe ihrer regionalen Organisationen. DR gehören neben demokratischen Parteien und neuen Gewerkschaften Wählerklubs, die demokratische Offiziersvereinigung »Schild« sowie individuelle Mitglieder an, auch Vertreter nichtrussischer Na-

---

[81] Vgl. dazu Julia Wishnevsky, The Rise and Fall of »Democratic Russia«, in: RFE/RL Research Report, 22/1992, S. 23–27. Galina Vochmenceva, Die Neuformierung der politischen Kräfte in der Russischen Föderation. Ein Vergleich zwischen Peripherie und Zentrum am Beispiel Sverdlovsk, (I) and (II), Köln 1991 (= Berichte des Bundesinstituts für ostwissenschaftliche und internationale Studien, Nr. 39-1991 und Nr. 40-1991).

tionalitäten der Russischen Föderation. Die Bewegung hat Kontakte zur Demokratischen und zur Republikanischen Partei der USA.

Ein Grund für das Entstehen von DR war die Notwendigkeit, schnell und wirkungsvoll eine Massenbewegung aufzubauen, die gegen Machenschaften des noch nicht völlig beseitigten totalitären Systems protestieren konnte wie beispielsweise gegen das gewaltsame und blutige Vorgehen gegen die Unabhängigkeitsbestrebungen in Wilna und Riga im Januar 1991. Innerhalb eines Tages organisierte DR am 14. Januar 1991 auf dem Roten Platz in Moskau eine unangemeldete Demonstration – mit 500 Deputierten in den ersten Reihen – gegen die Gewaltmaßnahmen im Baltikum. Auf dem Manegeplatz protestierten anschließend 10000 bis 15000 Menschen; eine Woche später waren es schon 800000. Die Bewegung bildete auch den Kern des Widerstandes gegen die Putschisten im August 1991.

Der zweite Grund für das Entstehen von DR war die Durchführung von Wahlkampagnen für die demokratischen Kandidaten. DR stellte 1989 die demokratischen Kandidaten auf für die Wahlen zum Volkskongreß der UdSSR und ein Jahr später zum Volkskongreß der RSFSR, aus dem der Volkskongreß der Russischen Föderation wurde; ihr Wahlkampf war so erfolgreich, daß die DR-Kandidaten ein Drittel der Mandate erringen konnten. DR betrieb auch den Wahlkampf für Jelzins Präsidentschaft im Frühjahr 1991, was ihr später jedoch entgegen den Erwartungen keinerlei Vorteile einbrachte: Jelzin wollte sich nicht an DR binden, war aber gleichzeitig auf sie als Wahlkampfmaschine angewiesen.

Der gescheiterte Putsch vom August 1991 und die damit verbundene Ausschaltung der KPdSU aus dem politischen Leben als Folge der Verwicklung ihrer Nomenklatur in den Umsturzversuch hat den neuen Parteien zusätzliche Anstöße zur Stärkung ihres Eigenprofils vermittelt und damit zugleich die Bewegung »Demokratisches Rußland« vor eine Zerreißprobe gestellt.

Eine Reihe von Parteien trat 1992 aus DR aus, weil sie neue Blöcke gebildet hatten: SDPR, RChDB, KDP-PVF und die Bauernpartei. Dafür schlossen sich 1992 neue Parteien der Bewegung an: RChDP und RChDU. Eine Herausforderung für die Bewegung ist die vom Stellvertretenden Regierungschef Sergej Schachraj im Juni 1993 gegründete neue »Partei der Russischen Einheit und Verständigung«.[82] Viele DR-Mitglieder stehen jetzt vor der Frage, ob sie in der Bewegung bleiben oder sich dieser neuen »Präsidentenpartei« anschließen sollen. Die Bewegung hatte in ihrer Hochzeit 1,5 Millionen Mitglieder. Nach dem Austritt vieler Parteien aus der Bewegung kann DR inzwischen nur noch 200–300000 Mitglieder in 60 Gebieten vorweisen. Im Volkskongreß stellte sie 40 Deputierte in der Fraktion »Demokratisches Rußland«.

In politisch ruhigen Zeiten ist DR nach außen hin vergleichsweise wenig politisch aktiv. Wöchentlich tagt der 40köpfige Koordinationsrat, das oberste Führungsgremium von DR. Seine Mitglieder werden von den Basisgruppen der größten Parteien und Organisationen entsandt und können auch nur von diesen abberufen werden. Der Koordinationsrat faßt Mehrheitsbeschlüsse über die aktuelle politische Lage und über die Vorbereitung konkreter Aktionen. Jede Partei und jede Person entscheidet dann für sich selbst, ob sie diesen Beschlüssen folgen möchte.

DR wurde am 23. April 1991 registriert. Programm und Veränderungen im Statut wurden auf dem III. Kongreß der Bewegung am 19./20. Dezember 1992 in Moskau verabschiedet. Das Plenum des Koordinationsrates wählte auf seiner Tagung am 27./28. Februar 1993 in Nischnyj Nowgorod fünf Ko-Vorsitzende: die Volksdeputierten Gleb Jakunin und Galina Starowojtowa sowie Lew Ponomarew, Ilja Saslawskij und Grigorij Tomschin. Im Juni/Juli 1993 beteiligte sich Starowojtowa in Moskau an der Verfassungskonferenz.

Nach Meinung von DR befindet sich Rußland in einer Verfassungskrise. Die Bewegung plädiert deshalb dafür, jetzt nur eine vorläufige Verfassung zu beschließen.

DR tritt für eine Präsidialverfassung ein, da das große Land eine starke Exekutive benötige, und für ein gemischtes Wahlrecht. DR unterstützt auch Jelzins Präsidentschaft und spricht sich deshalb gegen vorgezogene Präsidentschaftswahlen aus, zumal Jelzin verkündet habe, daß er kein zweites Mal

---

82 Moskowskije nowosti (Moskauer Neuigkeiten), 23 (6. 6.) 1993. ITAR-TASS russ., 17. 6. 1993.

kandidieren werde. Dagegen forderten führende DR-Politiker im März 1993 den Rücktritt von Jelzins Kontrahenten, dem Vorsitzenden des Obersten Sowjet, Ruslan Chasbulatow.[83]

Das neue Parlament soll nach Meinung von DR aus zwei Kammern bestehen. Für den Föderationsrat, in der nach Vorstellung der Bewegung die Regionen vertreten sein würden, wäre die Kandidatenwahl erforderlich oder die Delegation ihrer Mitglieder durch die Ortsbehörden. Die Staatsduma soll dagegen zur Hälfte oder zu einem Drittel durch Listenwahl zustande kommen. Bei der Wahl würden nach Einschätzung von DR in den Städten die Demokraten siegen, in den Provinzen dagegen wahrscheinlich die Technokraten und die Administratoren; den Kommunisten und der »Front der nationalen Rettung« gibt man bei DR hingegen wenig Chancen. Die »Bürgerunion« hat nach Meinung von DR viel Geld, dafür ermangele es ihr aber an Basis.

Für Rußland wäre es nach Ansicht von DR am besten, wenn es – ähnlich wie Japan – das westliche Wirtschaftssystem übernehmen könnte, ohne im geistigen Leben seine Eigenständigkeit aufgeben zu müssen.

2. Volkskonsens

Der DPR-Vorsitzende Trawkin gründete am 19. April 1991 innerhalb von DR den rechts-zentristischen, »konstruktiv-demokratischen« Block »Volkskonsens«. Den Block bilden außer DPR die RChDB und die KDP-PVF. Nach der Gründung der »Bürgerunion« und der »Front der nationalen Rettung«, zu deren Gründungsmitgliedern die RChDB und die KDP-PVF gehören, hat »Volkskonsens« praktisch aufgehört zu bestehen. Nach dem Putsch verließ »Volkskonsens« die Bewegung DR.

»Volkskonsens« strebt nach dem Erhalt der Einheit und Unversehrtheit der Russischen Föderation. Die wirtschaftliche Freiheit ist nach seinem Verständnis die Voraussetzung für die bürgerliche und die politische Freiheit. Marktwirtschaft,

---

83 ITAR-TASS, 11. 3. 1993.

breite Privatisierung und freies Unternehmertum, Privateigentum, vor allem an Boden, antimonopolitische Gesetzgebung, Schutz der ärmeren Bevölkerungsschichten durch staatliche Maßnahmen und gesellschaftliche Stiftungen – das sind seine wichtigsten programmatischen Aussagen.

3. Neues Rußland

Die SDPR gründete am 14. Januar 1992 in Moskau zusammen mit der ChDUR, der Bauernpartei, der Sozial-liberalen Vereinigung der Russischen Föderation, der VPR, mit den »Militärs für Demokratie« sowie mit der Gewerkschaft der kleinen und mittleren Unternehmer das Bündnis »Neues Rußland«. An der ersten Konferenz am 18./19. Dezember 1992 nahmen 400 Delegierte aus 100 Regionen Rußlands teil. Die Mitgliederzahl des Blocks soll zwischen 20–38000 liegen.

»Neues Rußland« hat sich dem Kampf gegen jene wirtschaftlichen und sozialen Prozesse verschrieben, die, unabhängig vom Willen der Regierung, einseitig zum Nutzen der früheren herrschenden Elite ablaufen, weil diese ihre Macht und die Kontrolle über die Produktionsmittel behalten konnte. »Neues Rußland« ist für eine demokratische Privatisierung und eine Beschleunigung der Landreform. Im Dezember 1992 schlug der Block auf seiner ersten Allrussischen Konferenz dem Präsidenten und der Regierung vor, einen Pakt zur Verhütung eines Bürgerkrieges zu schließen. Diesen Vorschlag unterzeichneten 18 Parteien und Bewegungen.

4. Russische Bewegung für demokratische Reformen

Die »Russische Bewegung für demokratische Reformen« (RBDR) wurde am 15. Februar 1992 in Nischnyj Nowgorod von 173 Delegierten aus 54 Regionen der Russischen Föderation, der drei Parteien RPRF, VPFR und der »Partei der demokratischen Umgestaltung« gegründet. Die Gründungskonferenz verabschiedete ein Statut und ein Programmdokument und wählte den 1992 zurückgetretenen Moskauer

Oberbürgermeister Gawriil Popow zu ihrem Vorsitzenden. Die Mitgliederzahl wird auf eine Million geschätzt. Rückschlüsse auf die soziale Zusammensetzung der Bewegung läßt die soziale Aufschlüsselung der Delegierten zu: 47,7 Prozent sind Vertreter der Intelligenz, 12,2 Prozent Unternehmer, je 3,2 Prozent Arbeiter und Militärangehörige sowie 1,8 Prozent Studenten. 15,4 Prozent der Delegierten waren in gesellschaftlich-politischen Organisationen tätig und 16,7 Prozent in der Verwaltung und in staatlichen Einrichtungen. Die RBDR wurde am 28. Juni 1992 registriert. Sie ist kollektives Mitglied von DR und gibt den »Westnik RBDR« (»Bote der RBDR«) mit einer Auflage von 2000 Exemplaren heraus.

Die Bewegung hat sich die Konsolidierung der progressiven Kräfte der Russischen Föderation zur Durchführung demokratischer Reformen zum Ziel gesetzt. RBDR ist Mitglied der internationalen »Bewegung für demokratische Reformen«. RBDR vereinigt in ihren Reihen viele, die im August 1991 das Weiße Haus gegen die Putschisten verteidigten.

Im Frühjahr 1993 führte die Bewegung Massenaktionen für die Annahme einer neuen Verfassung auf einer Verfassungsgebenden Versammlung durch. RBDR legte dazu einen eigenen Verfassungsentwurf vor, der unter Leitung des Stellvertretenden RBDR-Vorsitzenden, dem St. Petersburger Oberbürgermeister Anatolj Sobtschak, ausgearbeitet worden war. Die RBDR unterstützt mit aller Entschiedenheit die Reformen von Präsident Jelzin. Popow, der an der Verfassungskonferenz im Juni/Juli 1993 in Moskau teilnahm, sprach sich für vorgezogene Wahlen von Parlament und Präsident aus.[84] Popow ist für eine Präsidialverfassung mit einer starken Stellung des Präsidenten nach dem französischen Vorbild. Diese neue Verfassung sollte von einer zu wählenden Verfassungsgebenden Versammlung beschlossen werden. Popow schlug die Bildung eines Konsultativrates beim Präsidenten vor, in dem die Vorsitzenden der registrierten Parteien das Recht auf Anhörung und Beteiligung haben sollten.[85]

Im Mai 1992 kritisierten neun Regionalorganisationen der Bewegung die RBDR-Führung. Sie waren nicht mit der Vor-

---

84 Nesawissimaja gaseta (Unabhängige Zeitung), 7. 4. 1993.
85 Komsomolskaja prawda (Komsomolwahrheit), 27. 11. 1992.

lage eines eigenen Verfassungsentwurfs und der Unterstützung eines Referendums einverstanden. Sie traten aus der Bewegung aus und gründeten die AUE. Im Herbst 1992 warnte Popow eindringlich davor, den Reformkurs aufzugeben. In einem solchen Fall, so seine Befürchtung, müßten die Demokraten in Opposition gehen, damit Rußland von neuem den Weg der Revolution einschlagen könne.[86] Andererseits sprach sich Popow Ende Mai 1993 für die Schaffung eines breiten zentristischen Blocks aus, allerdings nicht unter Ruzkojs Führung.[87]

In seinem Wirtschaftsprogramm möchte sich die RBDR bis 1995 auf folgende fünf Kernprobleme konzentrieren: Landreform, Privatisierung und Konkurrenz, Entwicklung der Staatsbetriebe und Kolchosen, Militärreform und Konversion, Reform des Gesundheits- und Bildungswesens sowie von Wissenschaft und Kultur. In ihrem Sozialprogramm will sich die Bewegung folgender sozialer Problemgruppen annehmen: der Rentner, Invaliden, Kinder und Jugendlichen, der demobilisierten Armeeangehörigen, der Wissenschaftler und der Künstler.

5. Russische Nationalversammlung

Zum Gründungskongreß der »Russischen Nationalversammlung« (RNV) fanden sich am 15./16. Februar 1992 in Nischnyj Nowgorod 417 Delegierte von 72 Organisationen Rußlands, der Ukraine, Weißrußlands, der baltischen Staaten und Moldowas zusammen. Die Gründungskonferenz verabschiedete ein Statut und ein Aktionsprogramm. Zu Ko-Vorsitzenden wurden gewählt: der ehemalige KGB-Generalmajor Aleksandr Sterligow, der Schriftsteller Walentin Rasputin, der KPRF-Vorsitzende Genadij Sjuganow und der Direktor des Krasnojarsker chemischen Kombinats Petr Romanow. Zu den Gästen des Kongresses gehörten u.a. der LDPR-Vorsitzende Wladimir Schirinowskij, der Moderator der beliebten Fernsehsendung »600 Sekunden« Aleksandr

---
86 Nesawissimaja gaseta (Unabhängige Zeitung), 8. 10. 1992.
87 ITAR-TASS, 22. 5. 1993.

Newsorow und der Ko-Vorsitzende der »Front der nationalen Rettung« Makaschow.

Am I. Kongreß der RNV am 12./13. Juni 1992 nahmen 1250 Delegierte teil von 117 Städten und 69 gesellschaftlich-politischen Organisationen aus allen Republiken der ehemaligen UdSSR. Am 1. November 1992 wurde die RNV registriert. Die RNV gibt in einer Auflage von 25000 Exemplaren die Wochenzeitung »Russkij Sobor« (»Russische Versammlung«) heraus.

Die »Russische Nationalversammlung« ist ein Bündnis kleinerer Parteien, das die zaristische Kriegsflagge in Schwarz-Gelb-Weiß zum Symbol genommen hat. Die RNV möchte Jelzin stürzen, Rußland vor dem westlich orientierten Reformschock retten und das alte russische Imperium wiederherstellen. So kritisierte einer der Ko-Vorsitzenden, Aleksandr Sterligow, wiederholt, daß nichts gegen den Zerfall Rußlands unternommen werde.[88]

6. Union für Demokratie und Reformen

Die »Union für Demokratie und Reformen« wurde Mitte Mai 1992 von dem damaligen Stellvertretenden Vorsitzenden des Obersten Sowjet und jetzigen Leiter der Präsidialverwaltung, Sergej Filatow, von dem Stellvertretenden Regierungschef Wladimir Schumejko und von dem damaligen Stellvertretenden Regierungschef und jetzigen Direktor des Informationszentrums der Russischen Föderation, Michail Poltoranin, gegründet. Die Union möchte die zentristischen Kräfte zur Unterstützung von Jelzins Politik zusammenfassen.

7. Bürgerunion

Am 21. Juni 1992 wurden von der VPFR, der DPR, der AUE und der Volkskongreßfraktion »Wechsel – Neue Politik« in Moskau die »Bürgerunion« gegründet. Die »Bürger-

---

88 Prawda (Wahrheit), 4. 1. 1993.

union« wird von folgenden sieben Mitgliedern des politischen Rates geführt, wobei jeder eine Mitgliedsorganisation der »Bürgerunion« vertritt: Arkadij Wolskij (AUE), Nikolaj Trawkin (DPR), Aleksandr Ruzkoj (VPFR), Andrej Golowin (Fraktion »Wechsel – Neue Politik« des Volkskongresses), Andrej Bogdanow (DPR-Jugendorganisation), Oleg Sokolow (VPFR-Jugendorganisation) und Wjatscheslaw Laschtschinskij (»Russische Jugendunion«). Der tatsächliche Leiter des Apparats der »Bürgerunion« ist allerdings Wassilij Lipizkij, Vorsitzender der Parteileitung der VPFR. Die »Bürgerunion« wurde im Januar 1993 registriert. Im Volksdeputiertenkongreß bildete sie den Block »Demokratisches Zentrum« mit 167 Deputierten der Fraktionen »Linkes Zentrum – Zusammenarbeit«, »Freies Rußland« und »Souveränität und Gleichheit«.

Rußland soll als starker multinationaler demokratischer Staat, der die Rechte und Freiheiten seiner Bürger garantiert, erhalten bleiben. Die »Bürgerunion« orientiert sich an den Stolypinschen Agrarreformen im zaristischen Rußland und am Marktwirtschaftsmodell von Ludwig Erhard.[89]

Die »Bürgerunion« steht in Opposition zur Wirtschaftspolitik der Regierung Gajdar, deren Reformen sie als unrealistisch bezeichnete. Am 17. Juli 1992 lehnte sie die zweite Stufe des Gajdar-Programms für den Übergang zur Marktwirtschaft ab und arbeitete ein Alternativprogramm mit einer sozialen Komponente aus. Im November 1992 beschloß die »Bürgerunion« dieses Programm als Ausweg aus der Wirtschaftskrise; folgende waren die wichtigsten Punkte:

- Rückkehr zur zentralen Verteilung der materiell-technischen Ressourcen,
- staatliche Kontrolle der Löhne und der Preise der lebenswichtigsten Waren,
- Subventionierung der Betriebe,
- Einführung eines festen Wechselkurses,
- Inflationsausgleich für die Bevölkerung,
- Strecken der Privatisierung auf zwei bis drei Jahre,
- Reformierung des Bankensystems,
- Kontrolle des Außenhandels,

---
89 Rabotschaja tribuna (Arbeitertribüne), 2. 6. 1992.

- Verpflichtung der Firmen zum Verkauf von 50 Prozent der im Außenhandel erwirtschafteten Devisen zu einem niedrigen Festkurs an die Zentralbank,
- Einführung eines Präferenzzollsystems.[90]

Dieses Programm mit seinen Forderungen nach der Rückkehr zur staatlichen Leitung der Betriebe und der Privatisierung der staatlichen Industriebetriebe durch Bankkredite[91] vertritt eindeutig die Interessen der Direktoren der Großbetriebe, die zumeist Rüstungsbetriebe sind. Sie möchten den staatlichen Sektor der Industrie als den Kern der russischen Wirtschaft bewahren und verlangen deshalb nach einem starken Staat mit seiner wirtschaftsregulierenden Rolle.

Um im Machtkampf die »Bürgerunion« auf seine Seite zu ziehen, sprach Jelzin am 28. Februar 1993 auf ihrem Forum.[92] Er zog für diesen Besuch die »Bürgerunion« DR vor, das zur selben Zeit in Nischnyj Nowgorod tagte. Am 3. November 1992 war der Präsident schon einmal mit Vertretern der »Bürgerunion« zusammengetroffen. Jelzin erkannte die »Bürgerunion« als eine zentristische politische Kraft an, die im Namen der Erneuerung Rußlands zur Zusammenarbeit bereit sei und extremistische Ideologien und Kampfmethoden ablehne. Die Vertreter der »Bürgerunion« betonten, daß sie im großen und ganzen die Strategie der russischen Reformen unterstützten, daß aber die Politik der Regierung ernsthafter taktischer Korrekturen bedürfe. In diesem Zusammenhang schlug die »Bürgerunion« einige ihrer Meinung nach wünschenswerte personelle Varianten für das Kabinett als Kompromiß vor. In seinen Kommentaren zu diesem Zusammentreffen attestierte der Präsident der »Bürgerunion« damals einen »maßlosen Appetit«.[93]

Die »Bürgerunion« stürzte Anfang Dezember 1992 den amtierenden Regierungschef Jegor Gajdar und verhalf Wiktor Tschernomyrdin als neuem russischen Premierminister ins Amt.

---

90 Rabotschaja tribuna (Arbeitertribüne), 11. 11. 1992.
91 Elizabeth Teague/Vera Tolz, The Civic Union: The Birth of a New Opposition in Russia?, in: RFE/RL Research Report, 30/1992, S. 1–11. Michael Ellmann, Russia: The Economic Program of the Civic Union, in: RFE/RL Research Report, 11/1993, S. 34–45.
92 Trud (Arbeit), 2. 3. 1993. Nesawissimaja gaseta (Unabhängige Zeitung), 2. 3. 1993.
93 ITAR-TASS russ., 3. 11. 1992 und 5. 11. 1992.

Die »Bürgerunion« vertritt keinen ganz einheitlichen Kurs. So kündigte Lipizkij an, daß die »Bürgerunion« über das nachjelzinsche Rußland nachdenke, und zur gleichen Zeit empfahl die »Bürgerunion«, beim Referendum am 25. April 1993 Jelzin das Vertrauen auszusprechen und für vorgezogene Parlaments- und Präsidentschaftswahlen zu votieren.[94]

Im November 1992 kam es zur Spaltung zwischen dem gemäßigt-liberalen Wirtschaftsflügel der »Bürgerunion« – AUE und »Russische Union der Industrievertreter und Unternehmer« – und ihrem radikal-liberalen politischen Flügel: VPFR, DPR sowie der Volkskongreßfraktion »Wechsel – Neue Politik«.[95] Unmittelbar nach dem 9. Russischen Volksdeputiertenkongreß Anfang April 1993 trat der Wirtschaftsflügel de facto der Regierungskoalition bei, allerdings nicht der Präsidialkoalition. Der politische Flügel der »Bürgerunion« wendete sich der Koalition der Kommunisten/Nationalisten zu. Parallel dazu orientierte sich die Fraktion »Wechsel – Neue Politik« im Volksdeputiertenkongreß an politischen Positionen des reaktionären Fraktionsblocks »Russische Einheit«, der gegen den Präsidenten eingestellt ist. Im Dezember 1992 schied Wolskij aus der »Bürgerunion« aus.[96]

Wolskij unterstützt den Verfassungsentwurf Jelzins, der dem Präsidenten wichtige neue Vollmachten gibt wie beispielsweise das Recht, das Parlament aufzulösen. Er möchte aber an diesem Entwurf einige Korrekturen anbringen, vor allem im Bereich der Wirtschaft, bezüglich der Rechte der Subjekte der Föderation und im Menschenrechtskapitel.[97]

Anfang Juni 1993 verließ die DPR die »Bürgerunion«, weil sie mit der SPW und der PdA ein Abkommen geschlossen hatte. Mit diesem Schritt hat sich die »Bürgerunion« laut Trawkin als zentristische Kraft selbst ausgelöscht.[98] Die

---

94 Rabotschaja tribuna (Arbeitertribüne), 13. 4. 1993.
95 Zentr analititscheskoj informazii po polititscheskoj konjunkture Rossii (Hrsg.), Rossijskij polititscheskij zentr w stadii krisissa. Analis politischeskoj konjunktury (Zentrum für analytische Information zur politischen Konjunktur Rußlands [Hrsg.], Das russische politische Zentrum im Stadium der Krise. Analyse der politischen Konjunktur), Moskau 1993.
96 Iswestija (Nachrichten), 11. 6. 1993.
97 Russisches Fernsehen I russ., 4. 6. 1993.
98 Rossijskaja gaseta (Russische Zeitung), 8. 6. 1993.

»Bürgerunion«, die von allen Gruppierungen bisher am stabilsten und finanziell am besten ausgestattet war, verliert zunehmend an politischer Bedeutung.

Mitte Januar 1993 diskutierte die »Bürgerunion« ihr außenpolitisches Programm. Es sieht unter anderem Sanktionen gegenüber denjenigen Mitgliedern der GUS vor, welche die Menschenrechte verletzen.[99] Im Juli 1993 schlug die »Bürgerunion« vor, in Rußland, der Ukraine, Weißrußland und Kasachstan gleichzeitig ein Referendum über die Bildung einer Wirtschaftsunion durchzuführen.[100]

8. Demokratischer Wandel

Der Block »Demokratischer Wandel« wurde am 4. Juli 1992 in Moskau gegründet. Die Gründungserklärung unterschrieben die Bewegung DR, die RPRF und die Vereinigung der Geschäftsleute. Der Block hat sich zur Aufgabe gesetzt, die kommunistische und die nationalistische Opposition zu Jelzin zu neutralisieren.

9. Front der nationalen Rettung

Der Gründungskongreß der »Front der nationalen Rettung« (FNR) fand am 24. Oktober 1992 in Moskau statt. An ihm nahmen 1428 Delegierte aus 103 Städten der früheren UdSSR teil, auch aus der Ukraine und aus Weißrußland. Von den Kommunisten bis zu den Monarchisten waren mehr als 40 Parteien und Bewegungen vertreten. Der Kongreß beschloß ein Statut und ein Programm und wählte neun Ko-Vorsitzende: die Volksdeputierten Michail Astafjew (KDP-PVF-Vorsitzender), Sergej Baburin (Ko-Koordinator der Volkskongreßfraktion »Rußland«), Wladimir Issakow (Koordinator des Fraktionsblocks »Russische Einheit« im Volksdeputiertenkongreß), RChDB-Mitglied Ilja Konstantinow, der die Organisationsarbeit der Front leitet, Nikolaj Pawlow (Ko-Koordinator der Volkskongreßfraktion »Ruß-

---

99 Nesawissimaja gaseta (Unabhängige Zeitung), 16. 1. 1993.
100 ITAR-TASS, 8. 7. 1993.

land«) und Gennadij Sajenko sowie Walerij Iwanow, Generaloberst a.D. Albert Makaschow und Gennadij Sjuganow (KPRF-Vorsitzender). 18 der 38 Mitglieder des Organisationskomitees der Front sind zugleich Volksdeputierte. Anfang Oktober 1992 war die Front bereits in 56 der 89 Regionen der Russischen Föderation vertreten.

Das von Jelzin am 28. Oktober 1992 verhängte Verbot der Front wurde Mitte Februar 1993 vom Verfassungsgericht als verfassungswidrig[101] wieder aufgehoben. Mit diesem Verbot, so das Verfassungsgericht, habe Jelzin das Recht auf Zusammenschluß in öffentlichen Organisationen mißachtet. Am 30./31. Januar 1993 führte die Rettungsfront eine Sitzung ihres Nationalrates durch. Die Rettungsfront zählt inzwischen 40000 Anhänger und wurde am 31. März 1993 registriert. Sie hat Beziehungen zur Sozialistischen Partei Kanadas und zu verschiedenen patriotischen Organisationen in Serbien. Die Front will die linke und rechte Opposition mit der Losung »Rußland, steh auf und steig empor!« unter einem Dach vereinen. Die Front will die in der sowjetischen Verfassung verankerte territoriale Einheit des Landes und seiner Streitkräfte wiederherstellen. In der Front sind die Nationalisten tonangebend und nicht die Kommunisten. Jelzins Sturz ist das sie vorrangig vereinende Ziel.

Im Februar 1993 bildete die Front eine Schattenregierung. Am II. Kongreß der Rettungsfront am 24./25. Juli 1993 nahmen Delegierte aus 60 Regionen Rußlands und anderer GUS-Staaten teil. In ihrer Resolution forderte der Kongreß die Bildung einer dem Volksdeputiertenkongreß untergeordneten »Regierung der nationalen Rettung«, die den Ausnahmezustand ausrufen und den Präsidenten ablösen solle. Als Antwort auf die Forderung Sjuganows, jedes FNR-Mitglied habe sich der Führung der Front völlig zu unterwerfen, kündigten Baburin, Nikolaj Pawlow und Iwanow an, daß sie die Front verlassen würden; sie wollten nicht mehr mit Kommunisten zusammenarbeiten und statt dessen ihre eigene oppositionelle Bewegung gründen. Nach dem gescheiterten Putschversuch gegen Jelzin Anfang Oktober 1993 wurden die FNR verboten und ihre Führungsmitglieder verhaftet.

---

101 Iswestija (Nachrichten), 1. 4. 1993.

II. Ukraine

Als politischer Motor für das Streben nach Demokratie und nationaler Souveränität profilierte sich seit Sommer 1989 die politisch-kulturelle Bewegung »Ruch« (»Bewegung«). »Ruch« wurde vom Schriftsteller und Deputierten Iwan Dratsch begründet und von diesem bis 1992 angeführt. »Ruch« setzte sich am Anfang aus Parteien zusammen, die kollektive Mitglieder der Bewegung waren, und aus Parteilosen. Die nationaldemokratischen Kräfte der »Ruch« fanden die größte Unterstützung in der Westukraine, die – im Unterschied zur Ostukraine – erst im Zuge des Zweiten Weltkrieges Bestandteil der Sowjetunion wurde. In der Westukraine waren die nationalistischen Kräfte schon immer sehr einflußreich; die kommunistische Ideologie war dort im Bewußtsein der Bevölkerung nie so verankert wie in der meist von Russen bewohnten Ostukraine.

»Ruch« gab faktisch den Anstoß für die Gründung von Parteien. Ihren Aufruf zur Schaffung eines Mehrparteiensystems im März 1990 unterzeichneten die meisten jener Politiker, die heute an der Spitze der neuen Parteien stehen. Bei den örtlichen Wahlen in der Westukraine siegten meist die Kandidaten der »Ruch«. Auch im Obersten Sowjet in Kiew ist »Ruch« eine einflußreiche Kraft, obwohl sie nicht die Mehrheit der Deputierten stellt.[102] Im Obersten Sowjet der Ukraine bilden »Ruch«-Mitglieder eine wichtige Komponente im »Volksrat«, zu dem sich 130 oppositionelle Deputierte (von insgesamt 450) zusammengeschlossen haben. Allerdings gewinnen inzwischen die Parteien in der Ukraine gegenüber der Bewegung deutlich an Einfluß.

---

102 Wostok (Osten), 3/1992.

Am stärksten hat sich »Ruch« durch die Forderung nach völliger Unabhängigkeit für die Ukraine profiliert, die es jetzt abzusichern gilt. Neues programmatisches Ziel von »Ruch« ist die Einführung der Marktwirtschaft. Dabei tritt die Bewegung gegen die früheren KP-Funktionäre auf, die ihrer Meinung nach ihrer Posten enthoben werden müßten.

Auf ihrem Kongreß vom 4. bis 6. Dezember 1992 in Kiew beschloß »Ruch«, den Status einer Partei anzunehmen, und wählte den Oppositionspolitiker Wjatscheslaw Tschornowil zu ihrem Vorsitzenden. Dieser nimmt eine Position zwischen Konservativen und Liberalen ein, steht jedoch dem Zentrum des politischen Parteienspektrums näher. Tschornowil kandidierte am 1. Dezember 1991 bei den ersten ukrainischen Präsidentschaftswahlen vergeblich gegen Krawtschuk.

Mit 50000 Mitgliedern und mehr als einer Million Sympathisanten ist »Ruch« die stärkste Oppositionsgruppe in der Ukraine. Auch als Partei will »Ruch« ihren Charakter als soziale Bewegung nicht aufgeben.[103]

---

103 Wostok (Osten), 6/1992, S. 97.

III. Weißrußland

Die Weißrussische Volksfront (WVF) entstand Ende 1988 als Reaktion auf die Entdeckung von Massengräbern, in denen Zehntausende unter Stalin zwischen 1937 und 1941 im Walde von Kuropaty nahe Minsk Erschossene verscharrt waren. Die WVF ist die Hauptkraft der politischen Opposition in Weißrußland. Keine der benachbarten Republiken ist in der Konsequenz der kommunistischen Repressionspolitik durch einen solchen Grad von nationalem Nihilismus gekennzeichnet wie Weißrußland. Die Russifizierungspolitik wurde in Weißrußland am konsequentesten durchgeführt. Im Mai 1990 konnte die WVF ihren Entwurf für die Souveränitätserklärung durchsetzen.

Im Unterschied zu den Bewegungen in Rußland sowie der Ukraine und zu den neuen Parteien in Weißrußland hat die WVF – zum Teil durch Personalunion – enge Verbindung zu den Betriebs- und Streikkomitees. Sie leistet ihnen durch Vermittlung von Fachkompetenz sowie Unterstützung bei der Organisation von öffentlichen Demonstrationen engagierten Beistand. 1991 hatte die WVF großen Anteil an der Vereitelung der Ausrufung des Ausnahmezustandes durch die Weißrussische KP. Am 19. Juni 1991 wurde die WVF aufgrund des Drucks durch die April-Streiks registriert. Vorsitzender der Bewegung ist der Deputierte des Obersten Sowjet Senon Posnjak.

Ende März 1991 fand der 2. Kongreß der WVF statt, der eine neue Etappe ihrer Tätigkeit einleitete. Obwohl die WVF nach wie vor eine »umfassende gesellschaftspolitische Bewegung« bleiben will, gestaltete sie sich nach den in Minsk gefaßten Beschlüssen in organisatorischer Hinsicht faktisch zu einer Partei um mit formeller Mitgliedschaft und der Zahlung von Mitgliedsbeiträgen. Die Gesetzesvorschläge der Volksfront werden im Obersten Sowjet zumeist angenommen, weil es der WVF gelingt, dafür die Hilfe ehemaliger kommunistischer und inzwischen unabhängiger Abgeordneter zu gewinnen. Die Volksfront will mittels eines Referendums vorgezogene Parlamentswahlen durchsetzen und hat die dafür erforderlichen Unterschriften bereits gesammelt.

Die WVF zählt 150 000 aktive Anhänger. Im Obersten Sowjet der Republik verfügt sie über 37 (von 346) und im Minsker Stadtsowjet über 60 (von 203) Deputierte. Bei Parlamentswahlen rechnet die WVF mit 70 Prozent der Stimmen. Die WVF ist ein Verband von Parteien und will auf ihre politische Überparteilichkeit nicht verzichten. Noch zwei bis drei Jahre lang dürfte die WVF ein größeres Ansehen bei der Bevölkerung genießen als die politischen Parteien, obwohl diese aus der WVF hervorgegangen sind.

C. Gewerkschaften

I. Alte und neue Gewerkschaften

Die sowjetischen staatlichen Gewerkschaften waren mit 140 Millionen Mitgliedern die größte Massenorganisation der UdSSR[104] und eine der größten Vereinigungen auf der Welt. Ihre Hauptaufgabe bestand darin, den wirtschaftlichen, sozialen und politischen Willen der KPdSU gegenüber dem Millionenheer von Arbeitern und Angestellten durchzusetzen. Was ist aus ihnen nach dem Ende der UdSSR und der KPdSU geworden?

Vier verschiedene Gruppen von Gewerkschaften haben sich inzwischen herausgebildet, die in der Ukraine und in Weißrußland noch einige Besonderheiten aufweisen.[105] Diese Gewerkschaften sind nicht nur mit den Problemen der Einführung der Marktwirtschaft in ihren Ländern konfrontiert, sondern sie haben zugleich ihre völlig neue Rolle als Gewerkschaft in einer modernen Industriegesellschaft zu finden und deren traditionelle Sozialkonflikte zu bestehen.

1. Ehemalige Staatsgewerkschaften

Die ehemaligen Staatsgewerkschaften haben sich in verschiedenen Organisationsformen den neuen Entwicklungen anzupassen versucht. Die reformunfähigen Gewerkschaften unter ihnen werden absterben und die reformfähigen weiter an Einfluß und damit auch an Mitgliedern gewinnen. Die Führun-

---

104 Vgl. dazu: Bernd Knabe, Gewerkschaften, in: Handbuch der Sowjetverfassung, Band I, Einleitung. Präambel, Art. 1–69, Berlin 1983, S. 185–192.
105 Rabotschije dwischenije a alternatiwnyje profsojusy. Sprawotschnik. 1-ja wersija (Arbeiterbewegung und alternative Gewerkschaften, Nachschlagewerk, 1. Version), Moskau 1991.

gen dieser Gewerkschaften setzen vor allem auf die unqualifizierten und schlecht informierten Arbeiter und jene, die besonders von der Arbeitslosigkeit bedroht sind.

a) Allgemeine Konföderation der Gewerkschaften

Der »Allunions-Zentralrat der Gewerkschaften« – so der offizielle Name des ehemaligen sowjetischen Gewerkschaftsbundes – firmierte zuerst als »Gesamtsowjetische Konföderation der Gewerkschaften«, dann, infolge der Auflösung der UdSSR, als »Allgemeine Konföderation der Gewerkschaften« und benannte sich schließlich am 16. April 1992 in »Allgemeine Konföderation der Gewerkschaften« (AKG) um.[106] Der Allgemeinen Konföderation gehören die Gewerkschaftsföderationen von Rußland, Weißrußland, Armenien, Kasachstan, Usbekistan, Kyrgystan und Tadschikistan an; besonders auffällig ist, daß die ukrainische Gewerkschaftsföderation hier nicht vertreten ist. Ferner sind der AKG 38 Einzelgewerkschaften beigetreten. Vorsitzender der AKG ist Wladimir Schtscherbakow. Auf ihrem ersten Kongreß am 16. April 1992 in Moskau verabschiedete die AKG ein Statut.[107] Ihre Tätigkeit möchte die AKG an folgenden Prinzipien ausrichten: konföderativer Charakter, Abschaffung des demokratischen Zentralismus, Konsensprinzip.

Die neuen Leute an der Spitze der AKG haben ein Durchschnittsalter von 35 bis 40 Jahren. Ihre Stellvertretenden Vorsitzenden kommen aus verschiedenen Bereichen: aus dem Komsomolapparat, der internationalen Abteilung des sowjetischen Gewerkschaftsbundes, dem KAMAS-Werk und aus den Reihen der Fischereiflottenkapitäne. Zu beklagen bleibt, daß von der Basis zwar neue Impulse kommen, diese aber vom mittleren Funktionärskörper, der nach wie vor der alte geblieben ist, weiterhin nicht umgesetzt werden.

Die AKG verfügt über ein umfangreiches Vermögen, das nach dem Kurs von 1990 auf einen Wert von 32 Milliarden

---

106 Declaration on the Transformation of the General Confederation of Trade Unions into an International Trade Union Association. Adopted by the 4th Plenary Session of the Council of the GCTU Moscow, April 16, 1992.
107 Constitution of the General Confederation of Trade Unions, GCTU. Approved by the 1st Congress of the GCTU Moscow, April 16, 1992.

Rubel geschätzt wird. Die AKG hat dieses Vermögen – nach ihren eigenen Aussagen – bereits an die Gewerkschaftsföderationen der Republiken abgegeben. Wenn die Föderationsgewerkschaften dieses Eigentum gut verwalteten, könnten sie lange davon leben. Aber nur wenige seien dazu in der Lage, so die Klage der Allgemeinen Konföderation. Die Gewerkschaftsföderationen müßten selbst überlegen, was sie von diesem Vermögen den Freien Gewerkschaften weitergeben wollten. Diese sollen nach Aussage der AKG Vermögenswerte erhalten, wenn sie stark genug sind.

Die AKG wird aus den Beiträgen der Gewerkschaftsmitglieder finanziert, allerdings in einem – nach Meinung der Gesprächspartner – unzureichenden Maße. 1991 belief sich der Haushalt auf 38 Millionen Rubel, von denen im Frühjahr 1992 erst 8 Millionen Rubel eingegangen waren.

1991 stellte die UdSSR ihre Mitgliedschaft im Weltgewerkschaftsbund ein. Ihren Austritt aus dem Weltgewerkschaftsbund erklärte die GUS am 26. Mai 1992 auf dem letzten Kongreß des Weltgewerkschaftsbundes in Prag.

b) Föderationen Unabhängiger Gewerkschaften

In verschiedenen GUS-Staaten nennen sich die ehemaligen offiziellen Gewerkschaften jetzt Föderationen Unabhängiger Gewerkschaften. Das Adjektiv »unabhängig« soll den falschen Eindruck erwecken, als ob es sich um neugegründete Gewerkschaften handele, die in keinerlei Kontinuität zu den alten Gewerkschaften stehen. »Unabhängig« bezieht sich nach Auskunft der Gewerkschaftsföderationen auf Politik, Parteien, Wirtschaft und das staatliche System, wobei diese Unabhängigkeit erst erkämpft werden müsse. Das föderative Prinzip soll an die Stelle des demokratischen Zentralismus treten, den die bisherigen sowjetischen Gewerkschaften von der KPdSU übernommen hatten.

Die Ansätze zur Gründung einer Gewerkschaftsföderation reichen in Rußland bis in das Jahr 1990 zurück. Der definitive Beschluß zur Bildung einer »Föderation Unabhängiger Gewerkschaften Rußlands« (FNPR) wurde auf dem Konstituierenden Kongreß im März 1992 gefaßt. Vorsitzender der FNPR war Igor Kljutschkow, der wegen des Druckes auf ihn nach dem gescheiterten Putsch gegen Jelzin Anfang Oktober 1993 zurücktrat. Die entsprechende Gewerkschaftsföderation Weißrußlands leitet Wladimir Gontscharik.

An der Spitze der Mitgliedsgewerkschaften der Föderationen Unabhängiger Gewerkschaften stehen nicht selten ehemalige KPdSU-Funktionäre. Für Weißrußland wurde die Zahl von 25 Gewerkschaften genannt, die von ehemaligen KPdSU-Funktionären geführt werden. Die Föderationen sind offensichtlich zum »Hauptauffangbecken« für ehemalige Parteisekretäre geworden – ein gewisses Maß an Flexibilität müssen allerdings auch diese schon aufbringen.

Die meisten Arbeiter und Angestellten sind Angehörige dieser Föderationen. Die bisherige Vorschrift, daß jeder Arbeitnehmer Gewerkschaftsmitglied zu sein habe, und die bisherige Praxis, den Mitgliedsbeitrag in Höhe von einem Prozent des Bruttolohns automatisch vom Lohn abzuziehen, werden bis heute weitgehend fortgeführt. Die Föderationen haben ein gewichtiges Druckmittel, um den Austritt von Gewerkschaftsmitgliedern zu verhindern: Sie verteilen nach wie vor die Krankenscheine und die begehrten, weil preiswerten Gutscheine für einen Platz in einem Urlaubsheim. In Rußland werden die Arbeiter bewußt in dem nicht mehr der Rechtslage entsprechenden Glauben gelassen, daß sie im Fall eines Austrittes aus der Föderation diese Sozialleistungen nicht mehr erhalten würden. 80 Prozent des Beitragsaufkommens verbleiben bei der betrieblichen Gewerkschaftsorganisation, 18 Prozent erhalten die Regionalorganisation sowie die Spitze der Branchengewerkschaft, und zwei Prozent werden an die Föderation Unabhängiger Gewerkschaften abgegeben.[108]

Ein Charakteristikum der Gewerkschaftsföderation ist, daß ihr auch die Betriebsleitungen angehören. Die Gewerkschaftsföderationen genießen – wie die alten Gewerkschaften – bei den Arbeitern kein großes Ansehen, weil sie faktisch immer ein Teil der Betriebsleitung waren. Der Gewerkschaftssekretär der Gewerkschaftsföderation des Betriebes

---

108 Frank Hoffer, Entwicklungsbedingungen und Perspektiven für Gewerkschaften in Rußland. Vortrag am 2. 2. 1993 in Bad Neuenahr auf einer Tagung der Friedrich-Ebert-Stiftung.

hatte und hat immer noch sein Zimmer neben dem des Generaldirektors. Wenn sich die Betriebsleitung schon einmal zu Gesprächen mit den neuen Gewerkschaften herabläßt, sitzt der Gewerkschaftssekretär neben dem Generaldirektor auf der Arbeitgeberseite des Tisches. Die Gewerkschaftsföderationen sind aktiv an der Aufrechterhaltung eines Repressionsklimas gegenüber den neuen Gewerkschaften beteiligt. Wer die Freien Gewerkschaften führend im Betrieb vertritt, riskiert nicht selten, entlassen zu werden.

Im Februar 1991 schloß die russische Gewerkschaftsföderation ihr erstes Abkommen mit der Regierung; ein zweites wurde im März 1992 unterzeichnet. Von den 14 Gewerkschaftssitzen in der Dreiseitigen Kommission Rußlands, die durch dieses Abkommen zwischen Gewerkschaften, Regierung und Unternehmerverbänden geschaffen wurde, entfallen allein neun auf die Gewerkschaften der Gewerkschaftsföderation. Die FNPR schloß ein Abkommen mit einer Reihe von Parteien und mit der »Bürgerunion«.

In der Ukraine wurde die Föderation Unabhängiger Gewerkschaften 1991 von 34 Gewerkschaften gegründet; inzwischen gehören der Föderation 64 Gewerkschaften an. Mit 22,5 Millionen Mitgliedern, deren Mitgliedsbeiträge jetzt in den Basisorganisationen verbleiben sollen. Zur Unterstützung der Mitglieder wurden ein Streikfonds und ein Fonds zur sozialen Hilfe gegründet. Die »Föderation der unabhängigen Gewerkschaften der Ukraine« (FNPU) beteiligte sich am Gespräch am Runden Tisch, das am 5. Juni 1992 von zehn Gewerkschaften mit dem ukrainischen Präsidenten geführt wurde. Die Gewerkschaftsföderation der Ukraine möchte ihre Beteiligung an der Gesetzgebung verfassungsmäßig absichern, nachdem ein entsprechender Artikel in der ukrainischen Verfassung gestrichen worden war; auch im ukrainischen Arbeitsgesetz wurde die Rolle der Gewerkschaften beschränkt. Mit anderen Gewerkschaften hat die Gewerkschaftsföderation in diesen Fragen ein gemeinsames Vorgehen vereinbart.

Die ukrainische Gewerkschaftsföderation möchte sich an den Parlamentskommissionen beteiligen und einen Vertreter in das Kabinett entsenden. Die Regierung sollte zumindest, so ihre Forderung, eine Unterkommission für soziale Arbeitsbeziehungen bilden. Die Errichtung des Amtes eines präsidentiellen Beraters für Arbeitsbeziehungen erscheint ihr ebenfalls erstrebenswert. Beklagt wird, daß es heute bei vielen Arbeitern an der Motivation fehle – wenn von der Sozialversicherung und den Reiseschecks abgesehen wird –, in eine Gewerkschaft einzutreten. In der Ukraine sollen sechs Millionen aus der Gewerkschaftsföderation ausgetreten sein, ohne in die Freien Gewerkschaften überzuwechseln. Darin drückt sich auch die weitverbreitete Resignation der Arbeiter angesichts ihrer sich zuspitzenden wirtschaftlichen und sozialen Situation aus.

In Weißrußland wurde die Gewerkschaftsföderation 1990 von 25 Branchengewerkschaften gegründet. Ihr gehören 33 Branchengewerkschaften, sechs territoriale Gewerkschaftsvereinigungen und elf assoziierte Gewerkschaften mit insgesamt fünf Millionen Mitgliedern an. Die Gewerkschaftsföderation wurde im Oktober 1990 registriert; vorher gab es keine Gewerkschaften als juristische Personen. Es existierten in Weißrußland auch keine Branchengewerkschaften, weil diese nicht im nationalen, sondern nur im Unionsrahmen bestanden. In noch nicht allen Branchen haben sich die Beschäftigten zu Gewerkschaften zusammengeschlossen. Zur Zeit entsteht eine Gewerkschaft der Zivilbeschäftigten bei der Armee. Die weißrussische Gewerkschaftsföderation würde auch die Gründung einer Polizei- und einer Geheimdienstgewerkschaft unterstützen.
Was das politische Spektrum betrifft, so arbeitet die weißrussische Gewerkschaftsföderation zusammen mit der Freien Gewerkschaft und der Unabhängigen Gewerkschaft der Bergarbeiter in der Weißrussischen Volksfront mit.

c) Regionale Gewerkschaftskomitees

In einigen russischen Städten und Gebieten haben sich Gewerkschaften zu städtischen Gewerkschaftsföderationen oder Gebietsräten der Gewerkschaften zusammengeschlossen. Diese regionale Fraktionierung ist Ausdruck einer gewissen Unzufriedenheit mit der Gewerkschaftsföderation, die auch von einzelnen Branchengewerkschaften geäußert wurde. Eine Spaltung der Gewerkschaftsföderation ist somit nicht auszuschließen.[109] Der Prozeß der Zerstörung der alten Gewerkschaften fand in Moskau früher statt als anderswo. Die Moskauer Gewerkschaftsföderation entstand im Dezember 1990 aus dem Rat der Moskauer Gewerkschaften. Ihr gehören heute 42 alte und neue Gewerkschaften des Moskauer Stadtgebietes an; zu den neuen zählen beispielsweise die Theatergewerkschaft, die Gewerkschaft für Behindertentätigkeit und die Gewerkschaft der Kooperativen. Am 15. Dezember 1990 gab sich die Moskauer Gewerkschaftsföderation auf der 19. Moskauer Stadtkonferenz der Gewerkschaften ein Statut.[110] Die Moskauer Stadtkonferenz, die von Michail Schmakow geleitet wird, zählt fünf Millionen Mitglieder. Schmakow wurde im Oktober 1993 zum amtierenden Nachfolger des FMPR-Vorsitzenden Kljutschkow gewählt.

Die Tarifverhandlungen werden nicht von der Moskauer Gewerkschaftsföderation, sondern von jeder Mitgliedsgewerkschaft bzw. von jedem Betriebskomitee selbständig geführt. Die Moskauer Gewerkschaftsföderation unterstützt ihre Mitgliedsorganisationen dabei mit allgemeinen Informationen und spezieller Zuarbeit. Verhandlungspartner sind im allgemeinen der Staat und die im März 1992 gegründete Moskauer Konföderation der Industriellen und Unternehmer.

Organisatorisch nicht ganz so fortgeschritten wie die Moskauer Gewerkschaftsföderation ist der Gebietsrat der Gewerkschaften von Swerdlowsk. Der Gebietsrat der Gewerkschaften umfaßt 29 Territorialräte von Branchengewerkschaften mit 12000 Basisorganisationen und 25000 Gewerkschaftsgruppen mit zusammen 2,5 Millionen Mitgliedern. Die stärkste Gruppe stellt mit 300000 Mitgliedern die Gewerkschaft Bergbau und Metallurgie. Der Gebietsrat vertritt die Auffassung, daß der Gewerkschaftspluralismus die Interessenvertretung der Arbeiter notgedrungenermaßen schwäche. Der Mitgliedsbeitrag, der direkt vom Arbeitslohn

---

109 Elizabeth Teague, Organized Labor in Russia in 1992, in: RFE/RL Research Report, 5/1993, S. 38–41.
110 Ustaw Moskowskoj Federazii profsojusow. Utwerschden XIX Moskowskoj gorodskoj meschsojusnoj konferenzijej profsojusow 15 dekabrja 1990 goda (Statut der Moskauer Gewerkschaftsföderation. Angenommen auf der XIX. Moskauer Stadtgewerkschaftskonferenz am 15. Dezember 1990).

abgezogen wird, beträgt ein Prozent des Bruttolohnes. Ein Lohnstreifen, auf dem der Beschäftigte den Abzug kontrollieren könnte, wird nur ausgestellt, wenn der Lohn mit dem Computer berechnet wurde. Die Arbeitervertretung des Betriebes wird meistens in offener Abstimmung gewählt. Die Arbeiter bestimmen selbst über die Art der Abstimmung. Dem Führungsorgan des Gebietsrates gehören 146 Mitglieder an. In seinem Präsidium sind die 36 Mitgliedsgewerkschaften durch je einen Vertreter repräsentiert.

d) Verschiedene Einzelgewerkschaften

Die Gewerkschaftsföderationen setzen sich aus Einzelgewerkschaften zusammen. Zu den größten Einzelgewerkschaften der russischen Gewerkschaftsföderation zählen die Gewerkschaft der Beschäftigten in Volksbildung und Wissenschaft, der russische Zweig der Interrepublikanischen Gewerkschaftsföderation der Arbeiter der Kohleindustrie und die Medizinergewerkschaft. Die Gewerkschaft der Beschäftigten in Volksbildung und Wissenschaft Rußlands hatte sich bereits vor dem Zerfall der UdSSR selbständig gemacht. Der Gewerkschaft gehören mit fünf Millionen fast alle im Bildungsbereich Tätigen an. 60 Prozent der Mitglieder sind Lehrer und Beschäftigte an den Hochschulen, Instituten und an der Russischen Akademie der Wissenschaften; dennoch kann die Gewerkschaft aber auch auf Kindergärtner, Vorschullehrer und Studenten als Mitglieder verweisen. Einige Gewerkschaftsführer vertreten noch alte Gepflogenheiten und führen ihr Amt nach den Grundsätzen des demokratischen Zentralismus aus.

Die Interrepublikanische Gewerkschaftskonföderation der Arbeiter der Kohleindustrie hat in Rußland und in der Ukraine je 1,2 Millionen Mitglieder (in Donezk 140 000), in Kasachstan 200 000 (in Karaganda 140 000), in Estland (Ölschieferarbeiter; die Arbeiter im Erzbergbau gehören der Metallgewerkschaft an), in Usbekistan (Braunkohlentagebau), in Tadschikistan, in Kyrgystan und in Georgien zusammen 100 000. Vorsitzender des Interrepublikanischen Rates der Bergarbeitergewerkschaften ist der Volksdeputierte Wladimir Utkin.

Seit inzwischen drei Jahren wird der Mitgliedsbeitrag je nach Wunsch vom Lohn abgezogen oder nicht. 0,5 Prozent der Mitgliedsbeiträge erhält die Zentrale der Interrepublikanischen Gewerkschaftskonföderation der Arbeiter der Kohleindustrie. Die Tarifabschlüsse werden auch auf die Nicht-Mitglieder übertragen. Die Interrepublikanische Gewerkschaftskonföderation unterhält zusammen mit der ehemaligen Akademie für soziale Beziehungen des früheren sowjetischen Gewerkschaftsbundes eine eigene Schule zur Funktionärsausbildung mit dem Namen »Interstudy«. Die Ausbildung an dieser Gewerkschaftsschule erfolgt nach dem westlichen Konzept der gewerkschaftlichen Funktionärsausbildung.

Die Medizinergewerkschaft organisiert nicht nur das eigentliche Gesundheitswesen, sondern auch die Bereiche Apotheken, Kurheime, Sanatorien, Erholungsheime, die medizinische Industrie, den Krankenhausbau, den pharmazeutischen Handel und die Gesundheitsaufsicht. Ihre Mitgliederzahl beträgt in Rußland 4,6 Millionen. In den Regionen bildet die Gewerkschaft Branchenräte. Seit drei Jahren unterzieht sich die Medizinergewerkschaft einem Demokratisierungsprozeß. Dieser beinhaltet die Durchsetzung von basisnaher Arbeit, die Wählbarkeit der Gewerkschaftsvertreter und die Übertragung organisatorischer und finanzieller Rechte an die Basisorganisationen.

e) Assoziation Unabhängiger Gewerkschaften

Als Besonderheit im Anpassungsprozeß der ehemaligen Staatsgewerkschaften hat sich in Weißrußland 1991 die Assoziation Unabhängiger Gewerkschaften gebildet, die am 1. April 1992 registriert wurde und über ein Statut verfügt.[111] Die Assoziation ist der Versuch, aus der alten Gewerkschaft eine wirklich neue zu schaffen, indem unbelastete Vertreter an die Spitze gestellt wurden. Die Freien Gewerkschaften stellen die guten Absichten der Assoziation nicht in Frage, akzeptieren sie aber dennoch nicht als echte Arbeitervertretung, weil der Apparat darunter nicht ausgewechselt wurde

---

111 Ustaw Assoziazii nesawissimych profsojusow promyschlennosti Respubliki Belarus (Statut der Assoziation der unabhängigen Industriegewerkschaften der Republik Belarus), Minsk 1992.

oder ausgewechselt werden konnte. Nach einiger Zeit werden die neuen Führer der Assoziation nur noch die Wahl haben, sich an das alte Funktionärskorps anzupassen oder zurückzutreten.

Zur Assoziation in Weißrußland gehören die beiden größten der 33 Gewerkschaften des Landes: die Gewerkschaft für den Auto- und Landmaschinenbau und die Gewerkschaft der Arbeiter der Radioelektronikindustrie; beide wurden 1990 gegründet.

Die Assoziation ist dagegen, daß in einem Betrieb mehrere Gewerkschaften vertreten sind; davon würden nur die Arbeitgeber profitieren. Konsequenterweise lehnt die Assoziation deshalb die Doppelmitgliedschaft ab. Insgesamt gehören der Assoziation 600000 Beschäftigte an. Hinsichtlich der parteipolitischen Ausrichtung betont die Assoziation ihre engen Kontakte zur WSDP. Im Unterschied zur Gewerkschaftsföderation verfügt die Assoziation über keine mittlere Führungsebene (Gebiet, Bezirk). Auf diese Weise versucht die Assoziationsführung, engere Verbindung zur Basis zu halten. Die Assoziation ist zwar Mitglied der Gewerkschaftsföderation, übernimmt aber nur die ihr genehmen Föderationsbeschlüsse. Das Kräfteverhältnis zwischen der Gewerkschaftsföderation und der Assoziation ist in Weißrußland am Beispiel der Bergleute festzustellen: 85000 Bergleute sind Mitglieder der Gewerkschaftsföderation, 25000 gehören der Assoziation an und 12000 der Freien Bergarbeitergewerkschaft.

2. Neue Arbeitnehmerorganisationen

Bei der Entstehung neuer Gewerkschaften spielten die Streikkomitees eine entscheidende Rolle.

a) Arbeiter- und Streikkomitees

Die Streikkomitees entstanden 1989 bzw. 1991 in den Betrieben als spontane Gruppierungen aus den Reihen der Arbeiter; sie hatten die Aufgabe, die Streiks zu organisieren. Die Komitees sind eine Reaktion auf das Versagen der bisherigen offiziellen Gewerkschaften. Sie verstehen sich auch nicht selten als Opposition zu den Regierungen und zu den gesetzgebenden Organen. Ihrer Entstehung entsprechend sind die Streikkomitees betriebsmäßig und berufsständisch organisiert und als Vorläufer einer gewissen sozialen Selbstorganisation zu sehen.[112]

Wegen der teilweise monatelangen Streiks der Bergarbeiter im Frühjahr 1991 lag es für den KGB nahe, die Unterwanderung der Streikkomitees zu versuchen. In der Ukraine mußten die Streikkomitees beispielsweise teilweise dreimal neu aufgebaut werden, weil sich KGB-Leute in sie eingeschlichen hatten. Zur Abwehr ähnlicher Versuche der ukrainischen KGB-Nachfolgeorganisation haben die Streikkomitees das mehrstufige Delegiertenprinzip eingeführt.

In den Zeiten, in denen nicht gestreikt wird, bezeichnen sich Streikkomitees als Arbeiterkomitees. Dann nehmen sie Aufgaben von Gewerkschaften wahr und stehen deshalb in einem gewissen Konkurrenzverhältnis zu diesen. Diese Aufgabenwahrnehmung, die von der Arbeiterschaft und der Bevölkerung erwartet wird, überfordert teilweise die Komitees. Alle Funktionen in den Streik- und Arbeiterkomitees werden ehrenamtlich ausgeübt. Arbeitsbefreiung kann nur in Einzelfällen erreicht werden. In Ausnahmefällen werden die Streikkomitees von den örtlichen staatlichen Exekutivorganen unterstützt. Mitgliedsbeiträge werden nicht erhoben. Materielle Unterstützung erhalten die Streikkomitees von den Arbeitskollektiven. Eine Verbindung zu den politischen Parteien wird nicht gewünscht, um die Unabhängigkeit nicht zu verlieren.

In einigen Städten haben sich die Streikkomitees zu Stadtkomitees der Streik- und Arbeiterkomitees zusammengeschlossen. Diese Stadtkomitees vereinigen sich, wie beispielsweise bei den ukrainischen Transportarbeitern, zu Koordinierungsräten, denen dann mehrere Stadtkomitees angehören. Diese Koordinierungsräte sind wiederum vertikal miteinander verbunden. Oberstes Organ ist der Gebietsrat der Streik- und

---

[112] Uwe Krüger, Die »Auferstehung der sowjetischen Arbeiterbewegung«. Neue Gewerkschaften und gewerkschaftsähnliche Organisationen in der UdSSR, in: Osteuropa, 9/1990, S. 819–832.

Arbeiterkomitees. In einigen Branchen wurde 1991 in der Ukraine ein landesweiter Koordinierungsrat der Streik- und Arbeiterkomitees gebildet. Alle Streikkomitees versammelten sich erstmals vom 7. bis 9. Mai 1991 in Kiew und bildeten einen branchenübergreifenden Koordinierungsrat.

b) Freie Gewerkschaften

Die Freien Gewerkschaften entstanden aus den Streikkomitees, weil die Branchengewerkschaften die Interessen der Arbeiter nicht wirklich vertreten konnten. Die Freien Gewerkschaften unterscheiden sich von den Gewerkschaftsföderationen dadurch, daß sie:

– Betriebs- bzw. berufsständische Gewerkschaften sind;
– keine Arbeitgeber aufnehmen und
– keine gleichzeitige Mitgliedschaft in anderen Gewerkschaften zulassen.

Die Freien Gewerkschaften haben – verglichen mit den Gewerkschaftsföderationen – nur wenig Mitglieder. Ihre Mitglieder gehören oft hochqualifizierten Berufsgruppen in strategisch wichtigen Wirtschaftsbereichen an. Die Freien Gewerkschaften gelten bei den Beschäftigten als glaubwürdig und verfügen über ein hohes Mobilisierungspotential, deshalb gibt die kleine Anzahl der Freien Gewerkschaften noch keinen Aufschluß über ihre Kampfkraft – die neuen Gewerkschaften sind einflußreicher, als ihre Mitgliederzahlen es vermuten lassen.

Um die finanzielle Ausstattung der Freien Gewerkschaften ist es – im Unterschied zu den Gewerkschaftsföderationen – eher schlecht bestellt. Sie haben keinen Zugang zum Vermögen der Gewerkschaftsföderationen und können sich in ihrer Arbeit auf keinen entsprechenden Apparat stützen. In Rußland und in der Ukraine, teilweise auch in Weißrußland, bestehen die folgenden Freien Gewerkschaften (Mitgliederzahlen, sofern bekannt, in Klammern):

– Bergarbeiter (50–110 000 Mitglieder von 1,1 Millionen Bergleuten in Rußland, 51 000 Mitglieder von 350 000 Bergleuten in der Ukraine, 5000 Mitglieder in Weißrußland),

- Fluglotsen (8000 Mitglieder in Rußland, in der Ukraine 700 Mitglieder auf 33 Flughäfen),
- Piloten (30000 Mitglieder bei 35000 Piloten in Rußland),
- ingenieur-technisches Personal der Luftfahrtunternehmen (405 Mitglieder von 870 Beschäftigten in der Ukraine),
- Lokführer (2500 Mitglieder unter den insgesamt 25–30000 Lokführern in der Ukraine).

Vorsitzender der Freien Gewerkschaften in Weißrußland ist Gennadij Bykow.

Von den Freien Gewerkschaften Rußlands ist die NPG die stärkste. Im Frühjahr 1991 setzte die NPG einen zweimonatigen, im Grunde politischen Streik durch, mit dem sie Gorbatschow dazu zwang, seinen im Herbst 1990 vorgenommenen Schwenk zu den Konservativen zu korrigieren und sich stärker den Demokraten zuzuwenden. Vier derartige Bergarbeitergewerkschaften haben sich inzwischen formiert: eine russische, eine ukrainische, eine weißrussische und eine kasachische. Diese haben sich zur Internationalen Vereinigung der NPG zusammengeschlossen, die sich während des II. Bergarbeiterkongresses am 26. Oktober 1990 formierte. Das konföderative Prinzip wurde nach einer Debatte abgelehnt. Jede NPG-Gewerkschaft ist eine eigene juristische Person.

Die NPG Rußlands (NPGR) wurde am 26. November 1991 in Juschno-Sachalinsk gegründet; auf diesem Kongreß nahm sie auch ihr Statut an.[113] Der NPG Rußlands gehören zehn Prozent der 1,1 Millionen Beschäftigten im Bergbau an. Mitglieder der NPG können nur Untertage- bzw. Übertagebergarbeiter werden. Das Rückgrat der Gewerkschaft bilden dabei die Kumpel unter Tage, deren Mitgliederzahl einem Drittel der Belegschaft entspricht. Die NPG Rußlands organisiert sich in 120 Basis- und in den acht regionalen Organisationen Sachalin, Kusbass, Tscheljabinsk, Nord-Ural, Workuta sowie Moskauer, Rostower und Permer Gebiet.

---

113 Ustaw nesewissimogo profsojusa gornjakow Rossii. Prinjat Utschreditelnym sjesdom Nesawissimogo profsojusa gornjakow Rossii g. Juschno-Sachalinsk 26 nojabrja 1991g. (Statut der unabhängigen Gewerkschaften der Bergarbeiter Rußlands. Angenommen auf der Sitzung der Unabhängigen Gewerkschaft der Bergarbeiter Rußlands in der Stadt Juschno-Sachalinsk am 26. November 1991).

Die NPGR-Mitglieder zahlen ein Prozent des Bruttolohns als Mitgliedsbeitrag. 80 Prozent des Beitragseinkommens verbleiben in den Grundorganisationen, 20 Prozent des Beitragsaufkommens erhalten die städtischen NPGR-Organisationen; fünf Prozent der Gelder der städtischen Ebene müssen dann an die NPGR-Zentrale abgeführt werden.

In der Ukraine formierte sich die NPG bereits 1990. Sie ist in den Kohlerevieren Donezk, Lugansk, Dnepropetrowsk und Lwow (Lemberg) vertreten. Ihr Statut hat die Gewerkschaft am 21. Februar 1992 ergänzt.[114] Auch in der Ukraine ist die NPG die mitgliedermäßig größte Freie Gewerkschaft, die in allen ukrainischen Kohlegruben zu 50 Prozent und mehr vertreten ist. Sie kann sich als einzige Gewerkschaft auch auf erfolgreiche Streiks der Jahre 1989 und 1991 berufen.

Die NPGU leitet unter ihrem energischen Vorsitzenden Aleksandr Mril auch den Konsultativrat der Freien Gewerkschaften der Ukraine, der im Frühjahr 1992 gegründet wurde; dieser ist vorerst ein lockeres Konsultativorgan ohne Satzung, angestrebt wird jedoch seine Ausweitung zu einem Dachverband der Freien Gewerkschaften nach dem Muster des DGB. Dem Konsultativrat gehören folgende Freie Gewerkschaften an:

- die Unabhängige Gewerkschaft der Bergarbeiter der Ukraine (NPGU),
- die Gewerkschaftsassoziation der Piloten der Zivilluftfahrt der Ukraine,
- die Gewerkschaft des ingenieur-technischen Personals der Luftfahrtunternehmen der Ukraine,
- die Ukrainische Föderation der Gewerkschaft der Fluglotsen,
- die Freie Gewerkschaft der Lokführer der Ukraine.

Die erste Konferenz des Konsultativrates, an der 106 Delegierte der Mitgliedsgewerkschaften teilnahmen, fand Anfang Juli 1992 in Kiew statt. Von den parteinahen neuen Gewerkschaften beteiligten sich an der Konferenz nur die Solidarische Gewerkschaft der Ukraine (SPU = ukrainische SozProf). Die Konferenz beschloß einen Streik für Ende Juli

---

114 Ustaw nesawissimogo profsojusa gornjakow Ukrainy (Statut der unabhängigen Bergarbeiter der Ukraine), Kiew 1992.

1992. Sie forderte den Rücktritt des damaligen ukrainischen Regierungschefs Witold Fokin und das Recht, in Eigenverantwortung Tarifverträge abschließen zu können. Zu diesem Streik kam es nicht, weil Fokin bereits während der Konferenz seinen Rücktritt ankündigte, der dann Ende September 1992 auch erfolgte.

Einen mehrtägigen Streik organisierte die NPGU Anfang Juli 1993 in dem mehrheitlich von Russen bewohnten Kohlebecken des Donbass. In der Ukraine drohte eine Energiekrise, da das Land das russische Öl inzwischen mit Devisen bezahlen muß und deshalb verstärkt auf die Kohleförderung angewiesen ist. Die Streikenden forderten den Rücktritt der Regierung Leonid Kutschma und eine angemessene Lohnerhöhung unter Berücksichtigung der horrenden Inflationsrate. Angesichts des Streiks nahm sich Krawtschuk am 16. Juni 1993 in verfassungsmäßig fragwürdiger Form diejenigen Vollmachten, die am 1. Mai 1993 ausgelaufen waren und die zu verlängern sich das Parlament geweigert hatte. Der Präsident übernahm daraufhin unmittelbar die Führung der Regierung, reduzierte das Kabinett auf ein Außerordentliches Ministerkomitee und regiert seitdem hauptsächlich per Dekret. Kutschma konnte den Streik mit entsprechenden Lohnzugeständnissen und der Zusage, daß die Bergwerke einen Teil der Devisenerlöse aus dem Kohleverkauf behalten dürfen, am 20. Juni 1993 beenden.

In Weißrußland formierte sich die NPG, die inzwischen in fünf Gebieten und in Minsk organisiert ist, erst am 6. Oktober 1991; sie wurde am 25. November 1991 registriert. Ihre relativ hohe Mitgliederzahl kommt deshalb zustande, weil die weißrussische NPG auch Arbeiter aus den Bereichen Granit, Salz, Dolomit, Erdölraffinerie und U-Bahn-Bau aufnimmt. Das Statut verabschiedete die Gewerkschaft im Januar 1992 auf ihrem Kongreß in Soligorsk.[115]

Die Freie Gewerkschaft der Piloten und Fluglotsen Rußlands entstand bereits 1988 als Assoziation des Flugpersonals. Die Gründung einer Gewerkschaft war zu jenem Zeitpunkt noch nicht möglich und opportun, weil »Gewerkschaft« ein

---
115 Ustaw nesawissimogo profsojusa gornjakow Belarussii (Statut der unabhängigen Gewerkschaft der Bergarbeiter Belorußlands), Soligorsk 1991.

Schimpfwort war. Der Übergang zu einer Gewerkschaft vollzog sich im Verlauf von anderthalb Jahren. Von den 35000 Piloten in Rußland sind zur Zeit 30000 Mitglieder der Gewerkschaft. Auch bei dieser Gewerkschaft beträgt der Mitgliedsbeitrag ein Prozent des Bruttolohns; zehn Prozent des Beitrages werden an die Gewerkschaftszentrale abgeführt. Über die Entlohnung des kleinen Gewerkschaftsapparats bestimmen die Gewerkschaftsmitglieder. Auch über die Bezahlung der örtlichen Gewerkschaftsvorstände entscheidet die Basis, was zu einem starken Abhängigkeitsverhältnis zwischen Vorstand und Basis geführt hat.

Die Gewerkschaft arbeitet auf eine föderative Verbandsstruktur hin, die auch das übrige fliegende Personal und das Wartungspersonal auf den Flughäfen einbeziehen könnte. Als potentielle Bündnispartner der Freien Gewerkschaft der Piloten und Fluglotsen böten sich andere Berufsgruppen des Verkehrswesens mit qualifiziertem Personal an wie beispielsweise die Eisenbahner und die Seefahrer.

In einigen Städten bilden die Freien Gewerkschaften mit der SozProf eine Konföderation. So gehören der Konföderation der Freien Gewerkschaften in Jekaterinburg die Gewerkschaften von URALMASCH (im Dezember 1992 gegründet, 54 Mitglieder bei 34000 Beschäftigten), von URALMASCH-Rüstung (1992 gegründet, 60 Mitglieder), von URALELEKTROTRANSMASCH (15 Mitglieder bei 10000 Beschäftigten), des Turbomotorenwerkes (im Februar 1992 gegründet, 89 Mitglieder) und des Werkes für pneumatische Baumaschinen (im März 1992 gegründet, zehn Mitglieder) an. Dieser Zusammenschluß nennt sich in Jekaterinburg »Genossenschaft der Gewerkschaften der Stadt Jekaterinburg« mit eigenem Statut. Im Frühjahr 1993 wurde das geographisch übergreifende Uraler Gewerkschaftszentrum gegründet, dem Freie Gewerkschaften und SozProf-Gewerkschaften verschiedener Gebiete des Ural angehören.

Politische Aufmerksamkeit fanden die Freien Gewerkschaften, als Jelzin ihre Führer sechs Tage vor dem Referendum im Kreml empfing. Nach dem Gespräch, das von seiten der Gewerkschaftsführer als einvernehmlich empfunden wurde, forderten die Gewerkschaften in einem Appell dazu auf, beim Referendum am 25. April 1993 Jelzin das Vertrauen auszusprechen und für vorgezogene Parlamentswahlen zu votieren.[116]

Eine wichtige Freie Gewerkschaft in der Ukraine ist die Gewerkschaft der Lokführer. Sie wurde am 21. Januar 1992 in Kiew von Lokführern aus 18 Eisenbahndepots der Ukraine gegründet, die alle aus Streikkomitees kommen. Auf dem Kongreß der Gewerkschaft am 5./6. März 1992 in Kiew wurde von den 94 Delegierten aus 32 Eisenbahndepots ein Statut beschlossen. Ferner wurden die Wahlen zum Koordinierungsrat (je zwei Vertreter jeder Basisorganisation) und zum Präsidium (je ein Vertreter der sechs Regionaleisenbahnen) durchgeführt.

Der Koordinierungsrat der Lokführergewerkschaft tritt als Hauptorgan in der Zeit zwischen den Kongressen mindestens einmal in drei Monaten zusammen. Entsprechend dem Konföderationsprinzip haben Beschlüsse des Präsidiums für die Basisorganisationen nur empfehlenden Charakter. Die Basisorganisationen, die in der Gründungsphase meistens aus 20 bis 30 Mitgliedern bestehen, beschließen eigenständig über ihre Satzung. Sie bestimmen auch die Beitragshöhe, die zwischen einem und fünf Prozent des Bruttolohns liegt. Der zentrale Apparat erhält 30 Prozent vom Gesamtaufkommen der Basisorganisationen.

Es gibt generell keine Freistellung für die Gewerkschaftsarbeit; diese wird prinzipiell wegen der Gefahr, damit neue bürokratische Strukturen zu fördern, abgelehnt. Wegen der Doppelbelastung von Beruf und Gewerkschaft ist andererseits das Interesse an aktiver Gewerkschaftsarbeit nicht sehr hoch.

Eine besondere Art einer neuen Gewerkschaft ist die »Konföderation der Arbeit«. Sie entstand in Weißrußland aus Streikkomitees und wurde von ehemals führenden Volksfront-Vertretern am 31. März 1991 gegründet. Deren Bruch mit der Volksfront fand im Frühjahr 1990 während der großen Massenstreiks statt. Während sich die Volksfront politisch orientierte, nahmen die über 90 Streikkomitees in Weißrußland und die Konföderationsgründer die Arbeiterinteressen wahr. Auf ihrem Gründungskongreß gab sich die weißrussische

---
116 Russisches Fernsehen, 20. 4. 1993.

»Konföderation der Arbeit«, die 4500 Mitglieder zählt, ein Statut.[117] Die Konföderation distanziert sich nicht nur von der Gewerkschaftsföderation, sondern auch von den Freien Gewerkschaften, denen sie die Vertretung politischer Volksfront-Interessen auf Kosten der Gewerkschaftsinteressen vorwirft. In Weißrußland wird die »Konföderation der Arbeit« – eine solche Gewerkschaft existiert auch in Rußland – von Michail Sobol geleitet.

c) Parteinahe Gewerkschaften

Eine besondere Gruppe von neuen Interessenvertretungen der Arbeiter und Angestellten bilden die parteinahen Gewerkschaften. In Rußland und in der Ukraine entstand SozProf, in Rußland außerdem die Vereinigung »Arbeiter« und in der Ukraine WOST.

SozProf

SozProf hieß ursprünglich »Sozialistische Gewerkschaft«; seit dem Zusammenbruch des Kommunismus nennt sie sich »Solidarische Gewerkschaft«. SozProf wurde am 1. April 1989 in Moskau als erste Gewerkschaft außerhalb der offiziellen Gewerkschaften von Mitgliedern der Streikkomitees gegründet. Ihr Statut verabschiedete SozProf auf ihrem Kongreß am 13. Februar 1991 in Moskau und ergänzte es auf ihrem II. Kongreß am 26. Februar 1992.[118] SozProf zählt in Rußland 40–50000 Mitglieder in 173 Grundorganisationen und acht regionalen Organisationen.[119] In der gesamten GUS hat SozProf 250000 Mitglieder.

---

117 Ustaw Konfederazii truda Belorussii. Prinjat Utschreditelnym sjesdom predstawitelej nesawissimych rabotschich organisazij Belorussii 31 marta 1991 goda (Statut der Konföderation der Arbeit Weißrußlands. Angenommen auf der Gründungskonferenz der Vertreter der unabhängigen Arbeiterorganisationen Weißrußlands am 31. März 1991).

118 Ustaw Objedinenija profsojusow Rossii SozProf. Prinjat Utschreditelnym Sjesdom 13. 2. 1991 s ismenijami i dopolnenijami, prinjatymi II Sjesdom 26. 2. 1992 (Statut der Vereinigung der Gewerkschaften Rußlands SozProf. Angenommen auf der Gründungskonferenz am 13. 2. 1991 mit Änderungen und Ergänzungen, angenommen auf dem II. Kongreß am 26. 2. 1992).

119 Heads of the Coordinative Council Report to the II Congress of Russian Trade Union Association SotsProf.

Die russische SozProf, deren Vorsitzender Sergej Chramow ist, und die der Ukraine, die von Aleksandr Schejkin geführt wird, stehen den Sozialdemokratischen Parteien nahe. SozProf hat mit beiden Parteien Kooperationsabkommen abgeschlossen und finanziert die Parteitage der russischen Sozialdemokraten mit. SozProf versteht sich als Berufsorganisation, so daß in einem Betrieb durchaus mehrere SozProf-Gewerkschaften vertreten sein können. In Rußland bestehen im Rahmen von SozProf seit Februar 1992 folgende sechs Branchengewerkschaften: Metall, Bau, Transport, Medizin, Ingenieure/Wissenschaftler und Restaurantmusiker.

Die SozProf der Ukraine wurde im März 1990 in Kiew gegründet. Die ukrainische Bezeichnung der Gewerkschaft SozProf, die auch über ein Statut verfügt, wird mit SPU abgekürzt. SPU ist mit 72000 Mitgliedern die drittgrößte Gewerkschaft in der Ukraine und die zweitgrößte der neuen Gewerkschaften. Die Hälfte der Mitglieder gehört den Berufsgruppen Ingenieure, Ärzte, Lehrer und Journalisten an; 32 Prozent sind Produktionsarbeiter und 18 Prozent Beschäftigte in den Dienstleistungen. Folgende Branchengewerkschaften gehören zur SPU: Bergbauschlosser, Lehrer, Polizei und Juristen.

Jährlich verzeichnet die SPU ein Mitgliederwachstum von hundert Prozent, in der Westukraine ist sie dagegen schwach. Im ukrainischen Parlament wird die SPU durch zwei Abgeordnete vertreten. SozProf schreibt keine strenge Hierarchie der einzelnen Ebenen vor, so haben die Beschlüsse der oberen SozProf-Organe für die untergeordneten Organe nur empfehlenden Charakter. In einigen Städten, wie bereits erwähnt in Jekaterinburg, haben sich die dort vertretenen SozProf-Gewerkschaften zu selbständigen »Stadtgesellschaften von Gewerkschaften« mit eigenem Statut zusammengeschlossen.

SozProf strebt nach eigener Aussage nicht danach, alle Beschäftigten einer Branche in dieser Gewerkschaft unterzubringen. Doppelmitgliedschaft sowie die Mitgliedschaft der Administration sind erlaubt. Die meisten Mitglieder der SozProf sind Angestellte, weniger Arbeiter. Die Mitgliedsbeiträge belaufen sich auf den Wert von mindestens einer Arbeitsstunde im Monat bis maximal drei Prozent des Brutto-

lohns. Die Beiträge verbleiben zu hundert Prozent in den
Basisorganisationen. SozProf finanziert sich hauptsächlich
aus kommerziellen Tätigkeiten, die nicht immer durchsichtig
sind.

Vereinigung »Arbeiter«

Die »Gesellschaftlich-politische Vereinigung ›Arbeiter‹«
haben ehemalige KPdSU-Mitglieder mit demokratischer
Orientierung gegründet. Die Vereinigung, deren Stempel
noch die Symbole von Hammer und Sichel führt, vertritt laut
Statut die Klasseninteressen des Proletariats und betont ihr
»aktives Verhältnis« zum Marxismus. Sie will im Rahmen der
Privatisierung die Produktionsmittel so vergesellschaften,
daß eine Selbstverwaltung durch die Belegschaft möglich ist.

Die Vereinigung »Arbeiter« will nicht nur eine Gewerkschaft
sein, sondern in allgemeinerem Sinne eine »gesellschaftlich-
politische Organisation«, wie es in ihrem Statut[120] heißt, um
die Rechte der Arbeiter besser vertreten zu können. Die Vereinigung
hat 500 aktive Mitglieder, darunter 60 in Jekaterinburg.
Ferner ist sie in Moskau, Kasan, Wolgograd und
Tscheljabinsk tätig. Prominentester Vertreter der Vereinigung
im russischen Volksdeputiertenkongreß ist der in Jekaterinburg
gewählte Abgeordnete Wladimir Tichonow, Jahrgang
1938, zugleich Mitglied des Komitees des Obersten Sowjet
Rußlands für Fragen der Wirtschaftsreform und des Eigentums.
Die Vereinigung finanziert sich aus Mitgliedsbeiträgen,
durch Gelder von Betriebsleitern und durch kommerzielle
Tätigkeit, wahrscheinlich unter Verwendung von Teilen des
ehemaligen KPdSU-Vermögens.

WOST

In der Ukraine existieren an parteinahen Gewerkschaften
neben der SPU die Allukrainische Vereinigung der Solidarität
der Arbeitenden (auf Ukrainisch abgekürzt WOST).
WOST wurde auf ihrem I. Kongreß vom 21. bis 23. Juni
1990 in Kiew gegründet, indem die Allukrainischen Streikko-

---

120 Ustaw obschtschestwenno-polititscheskogo objedinenija »Rabotschij« (Statut der
    gesellschaftlich-politischen Vereinigung »Arbeiter«).

mitees in WOST umbenannt wurden. Ihr Vorsitzender ist Oleksandr Iwaschtschenko. In der Westukraine besteht die WOST-Regionalorganisation »Wille«, die am 22. Februar 1990 entstand.

Eine wichtige Rolle spielt bei WOST – nicht nur bei ihrer Gründung – die URP; hierdurch erklärt sich auch der nationalistische Zug von WOST und ihr deutliches Eintreten für einen zentralistischen ukrainischen Staat. WOST hat einen Konsultativrat von Vertretern ukrainischer Parteien geschaffen, der die Gewerkschaft beraten soll. Vorsitzender dieses nicht ständigen Gremiums war zeitweise der stellvertretende Vorsitzende der URP, Stepan Chmara. Chmara hat inzwischen diese Partei auf dem III. Parteitag Anfang Mai 1992 verlassen und die nationalistischere »Ukrainische Konservative Republikanische Partei« gegründet. WOST hingegen möchte die Politik vor allem durch eine starke parlamentarische Lobby beeinflussen.

WOST ist eine Vereinigung von Branchen- und territorialen Gewerkschaften. Ihr Statut gab sich WOST auf ihrem II. Kongreß am 14. Mai 1992[121]; auf diesem Kongreß trennte sich WOST auch von den Streikkomitees. WOST zählt 50000 Mitglieder und lehnt sowohl die Doppelmitgliedschaft als auch die Mitgliedschaft der Unternehmer und der leitenden Angestellten, die über Personalfragen entscheiden, ab. WOST wird, so vermutet man, in großem Maße vom amerikanischen Gewerkschaftsverband AFL-CIO unterstützt. AFL-CIO finanziert in Kiew ein WOST nahestehendes Informationsbüro. Anfang Juni 1992 organisierte AFL-CIO auch einen WOST-Gewerkschaftskongreß in Kiew.

d) Unternehmergewerkschaften

In Rußland und in der Ukraine existiert die »Gewerkschaft der Kooperativangestellten und der Unternehmer«. Dies erklärt sich aus der gegenwärtigen Situation, in der die wenigen Unternehmer sich ebenso in ihrer wirtschaftlichen Existenz bedroht fühlen wie die bei ihnen Beschäftigten. Wenn sich

---
121 The Statute of the All-Ukrainian Union for Workers' Solidarity. Confirmed by the II Congress of VOST March 14, 1992 city of Kiev.

eines Tages das private Unternehmertum durchgesetzt haben wird, werden die Unternehmer sicherlich den Rückzug aus der Gewerkschaft antreten.

Die Gewerkschaft wurde am 21. Januar 1990 gegründet und zählt in der Ukraine 400000 Mitglieder. In ihr sind die Berufstätigen des nicht-staatlichen Sektors in 23 Gebieten der Ukraine, auf der Krim und in Kiew organisiert. Ihr Mitgliedsbeitrag beträgt ein Prozent des Bruttolohns. 70 bis 80 Prozent der Beitragseinnahmen verbleiben den Basisorganisationen, der Rest geht an die Stadt- oder Gebietskomitees der Gewerkschaften; diese wiederum führen Beiträge an den Föderationsrat als das höchste Gewerkschaftsorgan ab. Hauptamtliche Gewerkschaftsfunktionäre werden aus Mitgliedsbeiträgen finanziert. Die Unternehmergewerkschaft gehört der gesellschaftspolitischen Bewegung »Neue Ukraine« an, die sich auch als Parlamentsfraktion konstituiert hat. Sie stützt sich auf diverse politische Kräfte und Parteien wie die SDPU, PDWU, DPU und – vor allem in der Westukraine – auf »Ruch«.

II. Tätigkeitsfelder

Nach einem Dreivierteljahrhundert[122] besteht in Rußland, in der Ukraine und in Weißrußland wieder die Chance zur Herausbildung echter Gewerkschaften. Für die traditionellen Gewerkschaften ist das ein schmerzlicher Umstellungsprozeß, da diese sich bisher nicht als Gewerkschaften verstanden, sondern als Transmissionsriemen der KPdSU auf der Seite des staatlichen monopolistischen Arbeitgebers. Die Gewerkschaftsföderationen müssen jetzt, wenn sie überleben wollen, lernen, wirkliche Gewerkschaften zu werden. Aber auch für die Arbeitnehmer ist das ein komplizierter Umdenkungsprozeß in ihrem Gewerkschaftsverständnis: Sie müssen ihr bisheriges Gewerkschaftsbild, das ein Zerrbild war, ablegen und allmählich das Aufgabenfeld erfassen, das sich Gewerkschaften in einer Marktwirtschaft stellt.

1. Abschluß von Tarifverträgen

Die Hauptaufgabenfelder sind teilweise denjenigen unserer Gewerkschaften ähnlich, teilweise unterscheiden sie sich von diesen. Zu den wichtigsten Aufgaben der Gewerkschaften in Rußland, der Ukraine und Weißrußland gehört der Abschluß von Tarifverträgen. Bis heute haben nur die Gewerkschaftsföderationen in direkter Nachfolge der traditionellen Staatsgewerkschaften das Recht, Tarifverträge abzuschließen. In einigen Gebieten und Betrieben ist es bisher nur SozProf und manchen freien Gewerkschaften gelungen, eigene Tarifver-

---

122 Vgl. dazu: Nesawissimyj profsojus gornjakow (Hrsg.), Raswitije profsojusnogo dwischenije w Rossii (Unabhängige Gewerkschaft der Bergarbeiter [Hrsg.], Entwicklung der Gewerkschaften in Rußland), Kiew 1992.

träge auszuhandeln, die konkreter und weniger deklarativ sind als die der ehemaligen Staatsgewerkschaften. Auch unter das dreiseitige Abkommen haben die drei SozProf-Ko-Vorsitzenden Ende März 1992 in Moskau ihre Unterschriften setzen können.

Dabei muß gesagt werden, daß es sich bei den Tarifverträgen um Kollektivverträge handelt und dieser Begriff nach wie vor verwendet wird. Es sind tatsächlich keine echten Tarifverträge, denn es besteht keine Tarifautonomie. Die Gewerkschaften handeln diese Verträge nicht mit einem privaten Arbeitgeber aus, da es diesen als Verband erst in Ansätzen gibt. Partner der Kollektivverträge sind im allgemeinen die Betriebsleitungen der nach wie vor staatlichen Betriebe, letztlich also der Staat. Einige Gewerkschaften, wie die Freien Gewerkschaften in der Ukraine, kämpfen mit dem letzten politischen Mittel, dem Streik, um das Recht, ebenfalls eigene Tarifverträge abschließen zu können. In den Tarifverträgen versuchen die Gewerkschaften, nicht nur hohe Löhne festzulegen, sondern angesichts der galoppierenden Inflation auch gleich einen Koeffizienten einzubauen, mit dem die Löhne regelmäßig zu multiplizieren sind. Als Bemessungsgrundlage für ihre Lohnforderungen hat die Moskauer Gewerkschaftsföderation in der russischen Hauptstadt die Kosten eines Mindestwarenkorbs durchgesetzt.

Für die Durchführung von Streiks gibt es keine eigene russische rechtliche Regelung. Deshalb wendet Rußland ehemalige sowjetische Vorschriften zur Streikschlichtung an, die unter Gorbatschow erlassen und von Rußland novelliert worden sind. Diese schreiben vor:

– Ein Streik ist zwei Wochen vorher anzukündigen, nachdem alle Verhandlungsmöglichkeiten ergebnislos ausgeschöpft worden sind.
– Als nächster Schritt sind Schlichtungsverhandlungen durchzuführen. Beide Seiten müssen sich dabei auf einen Schlichter einigen.
– Wenn eine Schlichtung scheitert, wird der Streik vor Gericht gebracht.
– Wenn das Gericht keine Einigung erreicht, dann kann gestreikt werden.

Für die Ukraine gelten keine derartigen Regelungen, dort sind politische Streiks rechtlich weder verboten noch erlaubt. Manche Gewerkschaften legen Streikfonds an, aus denen die Streikenden bezahlt werden. Aber nicht selten muß der Streikende selbst den Lohnausfall tragen oder ist auf freiwillige Hilfe von Arbeitern anderer Branchen und von privater Seite her angewiesen.

2. Sozialversicherung

Eine andere, im Westen nicht übliche Funktion, die nur die Gewerkschaftsföderationen ausüben, ist die bereits erwähnte Wahrnehmung der Sozialversicherung der Beschäftigten. 1992 ist bereits das Arbeitsgesetz in dem Sinne novelliert worden, daß die Gewerkschaftsföderation die Sozialversicherung abtreten müsse. Im Frühjahr 1993 faßte der Oberste Sowjet vier Beschlüsse über den Aufbau einer Krankenversicherung in Form einer juristischen Person, die dem Obersten Sowjet und der Regierung untersteht, doch die ehemaligen Staatsgewerkschaften geben nach wie vor die Krankenscheine aus.

3. Sozialleistungen

Die Gewerkschaftsföderationen verteilen weiterhin begehrte Sozialleistungen, vor allem die Reiseschecks für einen sehr preisgünstigen Aufenthalt in einem Urlaubsheim. Solche Urlaubsplätze werden nur über die Gewerkschaftskomitees der Betriebe verteilt. Privat kann man einen solchen Platz, selbst zu einem höheren Preis, nicht buchen. Hierbei muß natürlich berücksichtigt werden, daß dies bisher die übliche Urlaubsform war. Eine Alternative waren und sind Ferien auf der eigenen Datscha – falls vorhanden – oder der Besuch bei Verwandten bzw. Bekannten. Eine private Urlaubsgestaltung durch Buchung von Reisen usw. war bisher kaum möglich, kaum üblich und kaum bezahlbar.

Mit der traditionellen Weiterführung der Urlaubsheime usw. haben die Gewerkschaftsföderationen nach Wegfall der entsprechenden Zuschüsse und der gestiegenen Kosten große finanzielle Schwierigkeiten. Um welche Größenordnungen es sich dabei handelt, wird deutlich, wenn der Gebietsrat der Gewerkschaften von Swerdlowsk seine zu betreuenden Objekte aufzählt: 500 Kultureinrichtungen, 200 Kindereinrichtungen, 50 Bibliotheken und 1000 Sportstätten; das sind 80 Prozent aller derartigen Einrichtungen im riesigen Gebiet von Swerdlowsk. Der Zugang zu diesen Einrichtungen war bisher kostenlos. In den Sommermonaten 1991 gab das Gebietskomitee 200 Millionen Rubel aus Gewerkschaftsbeiträgen allein für Kindererholung, Pionierlager und Kuren aus. Es verwundert somit nicht, wenn in Zeiten des wirtschaftlichen Rentabilitätszwanges manche Regionalgewerkschaften schon damit begonnen haben, einige dieser Einrichtungen zu schließen. Wenn es sich um Kindergärten handelt, sind hiervon vor allem berufstätige Frauen betroffen. Die Gewerkschaftsföderation in Weißrußland ging einen anderen Weg: Sie privatisierte diese Einrichtungen kurzerhand und schuf so das größte private Unternehmen des Landes, das auf dem weißrussischen Touristikmarkt eine Monopolstellung haben dürfte.

4. Politische Funktionen

Ihre bisherige politische Funktion, die darin bestand, am von der KPdSU beherrschten politischen Entscheidungsprozeß unmittelbar beteiligt zu sein, müssen die Gewerkschaftsföderationen aufgeben. Gelegentlich wird wehmütig gefragt, was man in einem marktwirtschaftlichen und parlamentarisch-demokratischen System denn tun müsse, um politischen Einfluß zu bekommen.

Am 25. März 1992 wurde eine Generalvereinbarung zwischen der russischen Regierung, den russischen Gewerkschaften und den Unternehmerverbänden geschlossen[123], die von

---

123 Generalnoje soglaschenije meschdu Prawitelstwom Rossijskoj Federazii, rossijskimi objedinenijami professionalnych sojusow i objedinenijami predprinimatelej (rabotodatelej) na 1992 god (Generalvereinbarung zwischen der Regierung der Russischen Föderation, den russischen Vereinigungen der Gewerkschaftsbünde und

großer politischer Bedeutung ist. Diese Vereinbarung wurde auf Gewerkschaftsseite von neun Föderationsgewerkschaften, drei SozProf-Gewerkschaften und drei Freien Gewerkschaften (NPG, Piloten, Fluglotsen) unterzeichnet. Diese drei Unterzeichnergruppen bildeten die sogenannte Dreiseitige Kommission. Von den Gewerkschaftsföderationen der Ukraine und von Weißrußland wurde diese Vereinbarung als vorbildlich bezeichnet.

Abgesehen von den regelmäßigen zweiwöchigen Treffen der Dreiseitigen Kommission funktioniert diese Vereinbarung jedoch nicht, weil sie von der russischen Regierung nicht eingehalten wird. Von der Gewerkschaftsföderation wird der russischen Regierung eine Verletzung der Vereinbarung in drei zentralen Punkten vorgeworfen:

- keine Erarbeitung einer Politik der Preisumgestaltung,
- keine Ausarbeitung eines Programms der Berufsorientierung sowie der Schulung und Umschulung der freigestellten Arbeiter und der nichtbeschäftigten Bevölkerung;
- keine Verabschiedung der Methodik und der Kriterien für die Feststellung des Lebensniveaus sowie für Zusammensetzung und Kosten des minimalen Warenkorbs in den Regionen Rußlands.

Anfang Mai 1993 haben die russische Regierung, die Gewerkschaften und die Arbeitgeberverbände für 1993 ein Rahmenabkommen abgeschlossen. Auf Gewerkschaftsseite unterzeichneten nicht nur die Föderation Unabhängiger Gewerkschaften und die Branchengewerkschaften als Mitgliedsgewerkschaften der Föderation, sondern auch neue Gewerkschaften, die nicht der Föderation angehören, wie beispielsweise die Gewerkschaft des Flugpersonals. Inhaltlich sieht das Abkommen vor:

- eine Verhinderung des Produktionsrückgangs,
- die Durchführung einer aktiven Beschäftigungspolitik,
- die Gewährleistung des Arbeitsschutzes und der Gesundheit der Beschäftigten im Arbeitsbereich sowie der ökologischen Sicherheit der Bevölkerung,

---

Vereinigungen der Unternehmer [Arbeitgeber] für 1992). Vgl. dazu auch Elizabeth Teague, Russian Government Seeks »Social Partnership«, in: RFE/RL Research Report, 25/1992, S. 16–23.

– die Verringerung des Abstands zwischen den Lebenshaltungskosten und den Einkünften der Bevölkerung.

5. Weitere Funktionen

Als Reaktion auf den schlechten Informationsstand über Rechtsfragen nimmt sich SozProf der rechtlichen Beratung der Beschäftigten an. Dabei stützt sich diese Gewerkschaft nicht selten auf Juristen, die arbeitsrechtlich gut informiert sind. Andere äußerst dringliche Aufgaben, wie die Verbesserung des Arbeitsschutzes und des Umweltschutzes, stehen in der Arbeit der Gewerkschaften verständlicherweise zurück, weil diese mit den brennenden Fragen der Sicherung eines zumindest minimalen Lebensniveaus der Beschäftigten und der Verhinderung der Arbeitslosigkeit voll beschäftigt sind.

III. Abgrenzung, Kommunikation oder Bündnisfähigkeit

Im Verhältnis der verschiedenen Gewerkschaften zueinander dominieren Abgrenzung bis wechselseitige Bekämpfung vor Kommunikation und Bündnisbereitschaft. Die Hauptabgrenzungslinie verläuft zwischen den Gewerkschaftsföderationen und den Freien Gewerkschaften. Die Gewerkschaftsföderationen und ihre Mitgliedsgewerkschaften schrecken nicht einmal vor Repressionsmaßnahmen gegen Mitglieder der neuen Gewerkschaften zurück. Zu diesen gehören eine Verringerung des Lohnes bis zu dessen Halbierung durch Zuteilung schlechter Arbeit, Verweigerung der Lohnfortzahlung im Krankheitsfall und sogar gelegentlich Entlassung, von Benachteiligung bei der Zuteilung von Wohnungen und Urlaubsplätzen ganz zu schweigen.

Die Gewerkschaftsföderationen geben sich in ihren Lohnforderungen nicht selten härter als die neuen Gewerkschaften, weil sie bei der Arbeiterschaft den konkurrierenden neuen Gewerkschaften den Rang ablaufen wollen. Außerdem wollen sie mit diesen sozial gesehen zwar richtigen, gesamtökonomisch betrachtet jedoch riskanten Forderungen die Regierungen destabilisieren und das Tempo bei der Einführung der Marktwirtschaft drosseln. Nicht selten beteiligen sie sich an von den Freien Gewerkschaften ausgerufenen Streiks oder drängen diese zu einem nicht genügend vorbereiteten Streik, um dann nach kurzer Zeit aus dem Streik »auszusteigen« und so die Freien Gewerkschaften allein zu lassen. Ergebnis dieser Taktik ist schließlich der Zwang für die Freien Gewerkschaften, den Streik abzubrechen und dann bei den Arbeitern und den Betriebsleitungen als Papiertiger dazustehen. Die neuen Gewerkschaften schrecken bisweilen vor radikalen Streikforderungen zurück, um die Regierung nicht zu gefährden, weswegen sie von den Gewerkschaftsföderationen häufig als »Arbeiterverräter« beschimpft werden.

Auch innerhalb der Gewerkschaftsföderationen gibt es Spaltungstendenzen. Während zum Beispiel in Weißrußland einige Mitgliedsgewerkschaften der Gewerkschaftsföderation wie die Gewerkschaften der Metallindustrie, des Maschinenbaus, des Landmaschinenbaus, des Schwermaschinenbaus und des Militärisch-industriellen Komplexes dazu tendieren, sich zusammenzuschließen, neigen andere Gewerkschaften wie die der Erdöl- und Gasindustrie sowie des Handels, die Kooperations- und die Landwirtschaftsgewerkschaft dazu, sich zu spalten. 1993 ist die Gewerkschaft der Bergbau- und Metallurgiebeschäftigten aus der FNPR ausgestiegen.

Daß die Freien Gewerkschaften und die Gewerkschaftsföderationen keinerlei Kontaktaufnahme zueinander suchen, leuchtet ein. Nicht so selbstverständlich ist dagegen die Kritik der Freien Gewerkschaften, die die parteinahen Gewerkschaften der Politisierung bezichtigt. Sie bezeichnen SozProf und ähnliche parteinahe Gewerkschaften als Kopfgeburten. Um so erstaunlicher ist es, daß im WOST-Präsidium die NPGU stark repräsentiert ist; andererseits gibt es einen WOST-Flügel in der NPG der Ukraine.

In Rußland arbeiten Gewerkschaftsvertreter der FNPR seit Mitte 1993 auf der unteren Ebene mit SozProf immer öfter zusammen. Die scharfe Abgrenzung, die zwischen den verschiedenen Gewerkschaftsführungen besteht, wird an der Basis nicht immer nachvollzogen.

Die kleinen Freien Gewerkschaften hingegen suchen die Zusammenarbeit. In Rußland bildeten sie eine Konföderation, deren Statut auf ihrem ersten Kongreß am 31. Oktober 1991 beschlossen wurde.[124] Das höchste Organ in der Zeitspanne zwischen den Kongressen ist der Zentrale Koordinierungsrat.

In der Ukraine gründeten die Freien Gewerkschaften im Frühjahr 1992 einen Konsultativrat. Dieser ist vorerst nicht mehr als ein lockeres Konsultativorgan ohne Satzung. Aus ihm soll jedoch einmal ein Dachverband der Freien Gewerk-

---

124 Ustaw Konfederazii swobodnych profsojusow Rossii. Prinjat na perwom sjesde KSPR 31 oktjabrja 1991g (Statut der Konferenz freier Gewerkschaften Rußlands. Angenommen auf der ersten Sitzung der KSPR am 31. Oktober 1991).

schaften werden. Ihm gehören die Freien Gewerkschaften der Bergarbeiter, der Piloten, des ingenieur-technischen Personals der Luftfahrtunternehmen, der Fluglotsen und der Lokführer an. Auf der ersten Konferenz des Konsultativrates vom 3. bis 5. Juli 1992 in Kiew beschlossen die 106 Delegierten einen landesweiten Streik, der Anfang September 1992 auch durchgeführt wurde. Sie forderten, daß die Freien Gewerkschaften als Tarifpartner anerkannt werden und das Recht erhalten müßten, Tarifverträge abzuschließen. Die Lohnforderungen des Konsultativrates orientieren sich am Mindestwarenkorb und sehen zur Anpassung an die Inflation die Einführung eines Koeffizienten vor, mit dem die Lohnsumme regelmäßig multipliziert werden müßte.

Die Streikkomitees haben auf örtlicher Ebene nicht selten Verbindung zu den Freien Gewerkschaften, vor allem zur Freien Bergarbeitergewerkschaft (NPG), einige Streikkomitees der Bergleute sind auch von der NPG gegründet worden. Von dieser unterscheiden sich die Streikkomitees indessen in taktischen Fragen. Aus einigen Streikkomitees sind aber auch Freie Gewerkschaften hervorgegangen. Manche Streik- bzw. Arbeiterkomitees lehnen jedoch eine Umwandlung zur Gewerkschaft ab. Diese Ablehnung ist insofern nachteilig, als sie dann im Gegensatz zu den Freien Gewerkschaften keine Anerkennung als juristische Personen einfordern können, weil sie sich nicht registrieren lassen können.

In Weißrußland nähern sich die Vorstellungen der Gewerkschaften über die weitere Entwicklung im Land nach Auffassung der Gewerkschaftsföderation allmählich an. Zwei Jahre lang hat sich die Gewerkschaftsföderation mit dem Obersten Sowjet von Weißrußland wegen eines erforderlichen Gewerkschaftsgesetzes auseinandergesetzt. Auch der Kampf der Gewerkschaftsföderation um ein Tarifvertragsgesetz geht weiter. In dieser Frage ist sich die Gewerkschaftsföderation mit anderen Gewerkschaften einig. Überhaupt versuchen alle Gewerkschaften, Einfluß zu gewinnen bezüglich:

– der Formulierung von entsprechenden Passagen über Gewerkschaften und Streikrecht in den Verfassungsentwürfen sowie
– der Ausarbeitung eines Gewerkschafts-, eines Tarifvertrags- und eines Streikgesetzes.

IV. Internationale Kontakte

Internationale Kontakte bestehen begreiflicherweise in größerem Ausmaß bei den Gewerkschaftsföderationen, die versuchen, die traditionellen Verbindungen der Staatsgewerkschaften zu ausländischen Gewerkschaften fortzusetzen. Die Bergarbeitergewerkschaft in der Gewerkschaftsföderation Rußlands unterhält beispielsweise gute Kontakte zur amerikanischen Bergarbeitergewerkschaft. Mit Hilfe der deutschen IG Bergbau hat sie in den letzten zweieinhalb Jahren 200 Funktionäre auf der Schule der IG Bergbau in Haltern geschult. Die Bergarbeiterkonföderation eröffnete inzwischen im Januar 1992 eine eigene Schule, ab Herbst 1992 als Gemeinschaftsprojekt der Bergarbeiterkonföderation und des Internationalen Bergarbeiterverbandes.

Die russische Gewerkschaft der Beschäftigten in Volksbildung und Wissenschaft hat mit der finnischen Parallelorganisation ein Rahmenabkommen abgeschlossen. Über die baltischen Gewerkschaften hat die Gewerkschaft Kontakte zu weiteren skandinavischen Gewerkschaften hergestellt. Eine Gewerkschaftsdelegation hat auch schon einmal Italien besucht. Nicht selten sind einzelne Gewerkschaften der Gewerkschaftsföderationen Mitglieder der entsprechenden internationalen Branchenverbände. So gehört zum Beispiel die russische Gewerkschaft der Beschäftigten in Volksbildung und Wissenschaft der internationalen Lehrerorganisation an.

Die weißrussische Gewerkschaftsföderation hebt besonders ihre guten Gewerkschaftskontakte zum Partnerland Baden-Württemberg hervor. Sie möchte diese nach der Staatswerdung von Weißrußland über die regionale Ebene hinaus ausweiten und wünscht sich den Besuch einer deutschen Gewerkschaftsdelegation.

Die neuen Gewerkschaften hatten bisher kaum die Möglichkeit zu Auslandskontakten. Sie sind sehr an Kontakten zu den deutschen Gewerkschaften und an Informationen über deren Gewerkschaftsarbeit interessiert. Sie möchten auch einen Austausch von Delegationen und Arbeitern, die auf diese Weise vor Ort deutsche Arbeitsbedingungen kennenlernen wollen. Die Streik- und Arbeiterkomitees bitten auch um Hilfe für technische Ausstattung, zum Beispiel mit Faxgeräten.

WOST und SozProf werden finanziell von amerikanischen Gewerkschaften unterstützt; SozProf hat nach eigenen Aussagen auch Kontakte zu italienischen Gewerkschaften. Eventuell bestehende Kontakte zu deutschen Gewerkschaften wurden in den Gesprächen nicht erwähnt. Einzelne Freie Gewerkschaften, wie beispielsweise die NPG, haben Verbindungen zur amerikanischen und zur polnischen Bergarbeitergewerkschaft. Die NPG nahm an der Europäischen Bergarbeiterkonferenz teil. Einige Freie Gewerkschaften haben auch Verbindung zu spanischen Gewerkschaften, die neben den amerikanischen Gewerkschaften in Kiew ein Büro unterhalten. WOST hat zudem Kontakte zur polnischen Gewerkschaft Solidarność.

Die Unternehmergewerkschaft hatte schon diverse Kontakte zu ausländischen Delegationen. Ihre besonderen Interessengebiete für internationale Kontakte liegen in den Bereichen:

– Gewerkschaften aus dem Privatsektor oder die ihm nahestehen,
– Informationen zu den Themen Steuerpolitik und Lohnpolitik,
– innere Gewerkschaftsarbeit und Gewerkschaftsorganisation aus dem Privatsektor sowie
– Schulung von Gewerkschaftsmitgliedern und Funktionären.

Von den westlichen Gewerkschaften forderte ein Wissenschaftler aus dem gewerkschaftlichen Umfeld:

– eindeutige Unterstützung der neuen Gewerkschaften,
– Unterstützung einer Koalition mit den sich transformierenden alten Gewerkschaften und
– einen »klaren Kurs«.

Von den neuen Gewerkschaften wurde kritisiert, daß der Internationale Bund Freier Gewerkschaften (IBFG) seine bisherigen Kontakte mit den Gewerkschaftsföderationen fortsetze und sich gegenüber den Positionen der neuen Gewerkschaften völlig verschließe. Im IBFG bestehe in dieser Frage nach wie vor die Fixierung auf die Zahl der Gewerkschaftsmitglieder. Viele neue Gewerkschaften begreifen auch nicht, warum sich die europäischen Gewerkschaften mit Kontakten zu ihnen so zurückhaltend.

D. Ausblick

1. Die russischen Parlamentswahlen

Die Hälfte der 450 Abgeordneten der Staatsduma, des »Unterhauses« des Parlaments, wurde am 12. Dezember 1993 in Einmannwahlkreisen gewählt, die andere Hälfte nach Parteilisten. Für die Parlamentswahlen kandidierten folgende Parteien und Bewegungen (Spitzenkandidaten in Klammern):

- mit einer eigenen Liste: die DPR (Trawkin), die LDPR (Schirinowskij), die KPRF (Sjuganow), die RBDR (Anatolij Sobtschak, Oberbürgermeister von St. Petersburg, und Fedorow), die Agrarpartei (Michail Lapschin, Direktor einer landwirtschaftlichen Aktiengesellschaft) und die »Partei der Russischen Einheit und Eintracht« (Stellvertretender Regierungschef Sergej Schachraj);
- unter Beteiligung an einem Wahlblock: DR bei »Rußlands Wahl« (Stellvertretender Regierungschef Jegor Gajdar); die RChDU, die RPRF und die SDPR beim »Block Jawlinskij/Boldyrew/Lukin« (Nationalökonom Grigorij Jawlinskij); die Bürgerunion und die Jugendorganisation der VPFR bei »Zukunft Rußlands – Neue Namen« (ehemaliger Komsomolfunktionär Wjatscheslaw Laschewskij); die AUE bei »Bürgerunion für Stabilität, Gerechtigkeit und Fortschritt« (Wolskij).
- Außerdem kandidierten noch die Wahlblöcke »Würde und Barmherzigkeit« (Schauspieler und ehemaliger sowjetischer Kulturminister Nikolaj Gubenko), die »Konstruktivökologische Bewegung ›Zeder‹« und die »Politische Bewegung ›Frauen Rußlands‹«.

Das demokratische »Lager« bilden die Wahlblöcke »Rußlands Wahl«, die »Partei der Russischen Einheit und Eintracht«, die RBDR und der »Block Jawlinskij/Boldyrew/

Lukin«. Diese vier Wahlblöcke unterscheiden sich hinsichtlich des angestrebten Reformtempos, das in der genannten Reihenfolge abnimmt. »Rußlands Wahl« formierte sich hauptsächlich aus Vertretern des Jelzin- und des Regierungsblocks. Die »Partei der Russischen Einheit und Eintracht« hat einen stärkeren Bezug zu den Regionen. Die RBDR setzt sich vor allem aus Angehörigen der alten liberalen Nomenklatur zusammen und möchte am amtierenden Regierungschef Tschernomyrdin festhalten. Der Jawlinskij-Block hat ein eigenständiges Marktwirtschaftsprogramm ausgearbeitet und will seinen Spitzenkandidaten als Premierminister sehen.

Zum zentristischen Lager können die DPR, die »Staatsbürgerliche Union für Stabilität, Gerechtigkeit und Fortschritt«, »Zukunft Rußlands – Neue Namen«, »Würde und Barmherzigkeit«, die »Politische Bewegung ›Frauen Rußlands‹« und die »Konstruktiv-ökologische Bewegung ›Zeder‹« gerechnet werden. Zum nationalistisch-kommunistischen Lager gehören die LDPR, die KPRF und die Agrarpartei.

Mit Blick auf bevorstehende Parlamentswahlen wurden am 23. Februar 1993 die Agrarpartei und am 17. Oktober 1993 die »Partei der Russischen Einheit und Eintracht« gegründet. Die »Agrarpartei Rußlands« ist hauptsächlich eine Partei von Kolchos- und Sowchos-Direktoren, auch wenn die Kollektivwirtschaften bzw. Staatsgüter inzwischen teilweise in Aktiengesellschaften umgewandelt worden sind. Die Partei steht der KPRF nahe und vertritt das politische Interesse ihrer Klientel: Erhaltung der Kollektivwirtschaften bzw. Staatsgüter, wenn nötig auch unter der neuen Bezeichnung einer landwirtschaftlichen Aktiengesellschaft.

Laut offiziellem Wahlergebnis, das am 25. Dezember 1993 bekanntgegeben wurde[125], beteiligten sich von den etwas mehr als 106 Millionen Wahlberechtigten nur 54,8 % an der Wahl. 2,3 Millionen kreuzten auf dem Stimmzettel »Gegen alle Listen« an. Diese Abstimm-Möglichkeit ist eine Eigenart des russischen Wahlsystems. Bei der Listenwahl siegte die LDPR mit 22,8 %, gefolgt von »Rußlands Wahl« mit 15,4 %, der KPRF mit 12,4 %, der »Politischen Bewegung ›Frauen

---

125 Frankfurter Allgemeine Zeitung 27. 12. 1993.

Rußlands«« mit 8,1%, der Agrarpartei mit 7,9%, dem »Block Jawlinskij/Boldyrew/Lukin« mit 7,8%, der »Partei der Russischen Einheit und Eintracht« mit 6,8% und der DPR mit 5,5%.

Die übrigen Parteien und Blöcke konnten die Fünf-Prozent-Hürde nicht überspringen: RBDR erhielt nur 4%, die »Bürgerunion für Stabilität, Gerechtigkeit und Fortschritt« knapp 2%, »Zukunft Rußlands – Neue Namen« 1,3%, die »Konstruktiv-ökologische Bewegung Rußlands ›Zeder‹« 0,8% und »Würde und Barmherzigkeit« 0,7%. Gescheitert sind also die Wahlgruppierungen der zu Jelzin in »konstruktiver Opposition« stehenden Reformpolitiker (RDPR), der Unternehmer (»Bürgerunion für Stabilität, Gerechtigkeit und Fortschritt«), der ehemaligen Komsomolzen (»Zukunft Rußlands – Neue Namen«), der Umweltbewußten (»Konstruktiv-ökologische Bewegung Rußlands ›Zeder‹«) sowie der Wissenschaftler und Künstler (»Würde und Barmherzigkeit«).

Überraschend gut schnitt bei der Listenwahl vor allem die LDPR ab. Doch die Befürchtungen vor Schirinowskij dürfen nicht übertrieben werden: Die Menschen haben Schirinowskij gewählt, nicht weil sie für seinen russischen Nationalismus sind, sondern aus Protest gegen die radikale Reformpolitik des Marktwirtschaftlers Gajdar, die zu wenig die soziale Komponente berücksichtigt hat. Der redegewandte Schirinowskij hat es – im Gegensatz zu den realitätsfernen und aus Karrieresucht zerstrittenen Demokraten – verstanden, den Menschen den Eindruck zu vermitteln, daß er sie versteht. Er war der einzige Wahlkämpfer, der den verschiedenen Problemgruppen konkret versprach, wie er in relativ kurzer Zeit ihre Situation entscheidend verbessern werde. Daß Schirinowskij kaum in der Lage sein dürfte, seine Versprechungen in die Tat umzusetzen, steht auf einem anderen Blatt.

Es darf nicht vergessen werden, daß nur die Hälfte der Abgeordneten des Parlaments nach Parteilisten gewählt wurde, so daß die von Schirinowskij erreichten Prozentwerte von Anfang an zu halbieren waren. Außerdem muß bedacht werden, daß in den Wahlkreisen für die Direktmandate, aus denen die andere Hälfte der Abgeordneten kommt, die Reformgruppe »Rußlands Wahl« um Gajdar die größte Zahl der Abgeordneten stellen konnte. Nur diese Gruppierung verfügt über die administrative Struktur im ganzen Land, die nötig ist, um erfolgreiche Kandidaten aufstellen zu können.

»Rußlands Wahl« ist die »Partei« der neuen administrativen Struktur, welche die Nachfolge der KPdSU-Struktur angetreten und deren ehemalige Mitglieder übernommen hat. Dies wurde möglich, weil durch die Pensionierung von älteren Mitgliedern der administrativen Struktur genügend Planstellen frei geworden waren für die Aufnahme der noch nicht pensionsreifen Mitglieder der KPdSU-Struktur. Dabei ging es nicht primär darum, daß die Anhänger von »Rußlands Wahl« politisch von der Richtigkeit des Wahlblocks überzeugt waren, sondern nur darum, daß sie wieder der herrschenden Struktur angehören.

Zur KP gingen diejenigen Mitglieder der KPdSU-Struktur, die durch das »Sieb gefallen« waren, weil sie keine Beziehungen zu Mitgliedern der administrativen Stuktur hatten, die sie in ihren Apparat hätten holen können. Auch den KP-Mitgliedern geht es in ihrem politischen Kampf weniger darum, die kommunistische Überzeugung zu verbreiten, als darum, wieder zur herrschenden Struktur gehören zu können.

In den Regionen steuerten die Verwaltungsleiter den Auswahlprozeß der Kandidaten in den Einzelwahlkreisen maßgeblich, wenn sie nicht gleich selbst kandidierten. Die übrigen Wahlblöcke und Parteien konnten keinen so hohen Prozentsatz an erfolgversprechenden, d.h. bekannten Kandidaten aufweisen, weil sie nicht über die dafür erforderliche administrative Struktur verfügen.

Am 28. Dezember 1993 veröffentlichte die russische Presse die vollständige Liste aller gewählten Abgeordneten.[126] Die Stärke der einzelnen Fraktionen resultiert aus der Listenwahl. Wenn diejenigen direkt gewählten Abgeordneten hinzugerechnet werden, bei deren kurzbiographischen Angaben eine entsprechende Partei- bzw. Wählerblockzugehörigkeit vermerkt ist, ergibt sich für die Staatsduma folgende fraktionelle Zusammensetzung (Stand v. 20. Januar 1994):

---

126 Rossijskije westi (Russische Nachrichten) 28. 12. 1993.

- Demokraten: »Rußlands Wahl« 17,1% (40 + 36 Mandate), Schachraj-Partei 6,8% (18 + 12), Jawlinskij-Block 6,1% (20 + 7).
- Nationalisten/Kommunisten: LDPR 14,2% (59 + 4), Agrarpartei 12,4% (21 + 43), KPFR 10,1% (32 + 13).
- Zentristen: »Neue Regionalpolitik« 15,1% (0 + 67), »Frauen Rußlands« 5,2% (21 + 2), DPR 3,4% (14 + 1).
- 9,7% (0 + 43) der Mandatsträger sind als partei- bzw. wahlblocklose Unabhängige ausgewiesen.

Nach der mit knapper Mehrheit angenommenen Verfassung bestimmt der Präsident die Linie der Innen- und Außenpolitik. Bei der Bildung der Regierung muß Jelzin keine Rücksicht auf Parlamentsmehrheiten nehmen. Das Parlament muß den Regierungschef nur bestätigen, den Jelzin vorschlägt, mehr nicht. Für die Ernennung aller übrigen Regierungsmitglieder braucht der Präsident keine Zustimmung des Parlaments.

Das politische Kräfteverhältnis der Staatsduma sieht folgendermaßen aus: Die Demokraten verfügen über 30,0% der Stimmen, die Nationalisten/Kommunisten über 36,7% und die Zentristen über 9,7%.

Auf jeden Fall wird es im neuen Parlament schwierig werden, Gesetze zu verabschieden. Die politische Konstellation ist in der Staatsduma ähnlich wie im Volksdeputiertenkongreß, den Jelzin am 21. September 1993 per Dekret auflöste und dessen gewaltsamen Widerstand er am 3. und 4. Oktober 1993 durch Panzereinsatz brach: Keine der beiden Seiten hat eine Mehrheit hinter sich. Weder die Demokraten noch die Nationalisten/Kommunisten können ihre Gesetze beschließen. Beide sind auf die Stimmen der Zentristen angewiesen, deren Abstimmungsverhalten unstet sein dürfte. Als Stabilitätsfaktor in solchen labilen gesetzgeberischen Situationen könnte sich die neue Verfassung erweisen.

2. Die neue russische Verfassung

Am 12. Dezember 1993 hat die russische Bevölkerung bei einer Wahlbeteiligung von 54,8% mit 58,4% der neuen Verfassung nur knapp zugestimmt. An der neuen Verfassung wurde drei Jahre gearbeitet. Zum Schluß hatte Jelzin, so der Präsident in seiner Rede am 9. November 1993[127], den Entwurf noch selbst überarbeitet. Eine Reihe Bestimmungen, die vom früheren Obersten Sowjet aufgezwungen worden seien, sei aus dem Entwurf entfernt worden. Deutlich erschwert wurde – weiter nach Jelzin – die Verfahrensweise für die Annahme von Änderungen der Verfassung. Ferner habe der Verfassungsentwurf auch eine ausländische Begutachtung durchlaufen.

Die Verfassung ist folgendermaßen aufgebaut: *Präambel, Erster Abschnitt:* Kapitel 1 – Grundlagen der Verfassungsordnung (Artikel 1–16), Kapitel 2 – Rechte und Freiheiten des Menschen und Bürgers (Artikel 17–64), Kapitel 3 – Föderativer Aufbau (Artikel 65–79), Kapitel 4 – Der Präsident der Russischen Föderation (Artikel 80–93), Kapitel 5 – Die Föderalversammlung (Artikel 94–109), Kapitel 6 – Die Regierung der Russischen Föderation (Artikel 110–117), Kapitel 7 – Die Judikative (Artikel 118–129), Kapitel 8 – Die örtliche Selbstverwaltung (Artikel 130–133), Kapitel 9 – Verfassungsänderungen und Revision der Verfassung (Artikel 134–137). *Zweiter Abschnitt:* Schluß- und Übergangsbestimmungen.

Die beiden wichtigen Fragen, die an die neue russische Verfassung zu stellen sind, beziehen sich auf ihren demokratischen Charakter und auf das Verhältnis des Zentrums zu den Regionen. Die neue Verfassung stellt einen totalen Bruch mit

---

[127] Rossijskaja gaseta (Russische Zeitung) 10. 11. 1993.

der sowjetischen Vergangenheit dar. Nicht mehr eine Ideologie und eine Partei als deren Vordenkerin und Vollzugsorgan stellen den obersten Wert dar, sondern der Mensch mit seinen Freiheiten und Rechten, zu deren Beachtung und Schutz der Staat verpflichtet ist (Art. 2). Zu den neuen wichtigen Grundrechten, die in der Verfassung verankert sind, gehören das Recht auf Privateigentum (Art. 35, Abs. 1) und auf privaten Landbesitz (Art. 36, Abs. 1) sowie auf Schutz vor Arbeitslosigkeit (Art. 37, Abs. 3). Die Verfassung garantiert die Freiheit der Massenmedien. Eine Zensur findet nicht statt (Art. 29, Abs. 5). Der Pluralismus in Form von politischer und Parteienvielfalt wird anerkannt (Art. 13, Abs. 3).

Um diese grundlegenden Artikel besonders zu schützen, wurden für ihre Änderung in Artikel 135 zusätzliche Hürden errichtet. Die Artikel des Kapitels 1, 2 und 9 können von der Föderalversammlung (Föderationsrat und Staatsduma) nicht revidiert werden. Ein Antrag auf Änderung kann nur mit drei Fünftel der Stimmen der Gesamtzahl der Abgeordneten des Föderationsrates und der Staatsduma eingebracht werden. Dann muß eine Verfassungsversammlung einberufen werden, die entweder die Unveränderlichkeit der Verfassung bekräftigt oder eine neue Verfassung ausarbeitet. Diese neue Verfassung muß dann von zwei Drittel aller Mitglieder der Verfassungsversammlung verabschiedet werden (Art. 135).

Der andere Weg zur Annahme der neuen Verfassung wäre die Durchführung einer Volksabstimmung. Die Verfassung gilt als angenommen, wenn mehr als die Hälfte der Wahlberechtigten sich an der Volksabstimmung beteiligt hat und mehr als die Hälfte der Wähler, die an der Volksabstimmung teilgenommen hat, ihr zugestimmt hat (Art. 135). Die Änderung der übrigen Verfassungsartikel erfolgt durch die Annahme eines Bundesverfassungsgesetzes (Art. 136) mit zwei Drittel der Stimmen der Abgeordneten der Staatsduma und drei Viertel der Stimmen der Mitglieder des Föderationsrates (Art. 108). Außerdem ist die Zustimmung von zwei Dritteln der Föderationssubjekte erforderlich (Art. 136).

Nach Artikel 10 der Verfassung wird die Staatsmacht von den drei traditionellen eigenständigen staatlichen Gewalten ausgeübt: von der Legislative (Parlament), von der Exekutive (Regierung) und von der Judikative (Gerichtsinstanzen). Das

Parlament – die Föderalversammlung – besteht aus zwei Kammern: dem Föderationsrat und der Staatsduma. In den Föderationsrat entsendet jedes der 89 Föderationssubjekte je einen Vertreter der legislativen und der exekutiven Gewalt (Art. 95, Abs. 2). Die Schlußbestimmungen sehen allerdings vor, daß die Mitglieder des ersten Föderationsrates gewählt werden (Abs. 7).

In die Staatsduma werden für vier Jahre (Art. 96, Abs. 1) 450 Abgeordnete (Art. 95, Abs. 3) nach einem dem deutschen ähnlichen gemischten Wahlrecht gewählt. Die Abgeordneten der Staatsduma arbeiten auf beruflicher Grundlage und dürfen keine anderen Tätigkeiten ausüben mit Ausnahme wissenschaftlicher oder künstlerischer. Sie dürfen auch keine Staatsämter innehaben (Art. 97, Abs. 3). Die Schlußbestimmungen erlauben für die erste Legislaturperiode, daß die Abgeordneten der Staatsduma auch Regierungsmitglieder sein können.

Staatsduma und Föderationsrat tagen ständig (Art. 99, Abs. 1), getrennt (Art. 100, Abs. 1) und in der Regel öffentlich (Art. 100, Abs. 2). Die Tätigkeit der Staatsduma wird im wesentlichen auf ihre gesetzgeberische Funktion beschränkt (Art. 103). Die Gesetze werden mit einfacher Mehrheit aller Abgeordneten der Staatsduma und dann des Föderationsrates angenommen. Die Ablehnung eines Gesetzes durch den Föderationsrat kann die Staatsduma mit zwei Drittel aller ihrer Abgeordneten überstimmen (Art. 105). Das gesetzgeberische Initiativrecht besitzen der Präsident, der Föderationsrat, die Abgeordneten des Föderationsrates und der Staatsduma, die Regierung und die Gesetzgebungsorgane der Föderationssubjekte. Zu denjenigen Fragen, die sie selbst betreffen, haben auch das Verfassungsgericht, das Oberste Gericht und das Oberste Schiedsgericht gesetzgeberisches Initiativrecht (Art. 104, Abs. 1). Das Veto des Präsidenten gegen ein Gesetz kann von zwei Drittel aller Abgeordneten des Föderationsrates und der Staatsduma überstimmt werden (Art. 107, Abs. 3).

Artikel 11 nennt zusätzlich zu den drei staatlichen Gewalten an erster Stelle das Amt des Präsidenten. Die Verfassung räumt dem Präsidenten eine klare Vorrangstellung gegenüber allen anderen Staatsorganen ein. Der für vier Jahre direkt vom Volk gewählte Präsident (Art. 81, Abs. 1) ist nicht nur der Staatschef der Russischen Föderation, sondern er bestellt mit Zustimmung der Staatsduma den Regierungschef, den er auch entlassen kann (Art. 83). Wenn die Staatsduma den vom Präsidenten vorgeschlagenen Kandidaten für das Amt des Regierungschefs dreimal abgelehnt hat, ernennt der Präsident den Regierungschef, löst die Staatsduma auf und setzt Neuwahlen an (Art. 111, Abs. 4).

Die Regierungsmitglieder werden vom Präsidenten ernannt und bedürfen nicht der Zustimmung des Parlaments (Art. 112, Abs. 2). Der Präsident hat das Recht, Kabinettssitzungen zu leiten (Art. 83, b). Die Regierung kann nicht durch das Parlament gestürzt werden.[128] Sollte die Staatsduma der Regierung das Mißtrauen aussprechen, kann der Präsident entweder das Kabinett entlassen oder sich mit der Entscheidung der Staatsduma nicht einverstanden erklären. Falls die Staatsduma innerhalb von drei Monaten der Regierung erneut ihr Mißtrauen ausspricht, hat der Präsident die Wahl zwischen der Entlassung der Regierung oder der Auflösung der Staatsduma (Art. 117, Abs. 3). Die Staatsduma darf der Präsident aber aus diesem Grund nicht im ersten Jahr nach ihrer Wahl auflösen (Art. 109, Abs. 3).

Gegen den Willen des Präsidenten gibt es auch keinen Zentralbankchef und keinen Stellvertretenden Regierungschef. Der Präsident schlägt dem Föderationsrat ferner die Kandidaten für die Ernennung zum Richter des Verfassungsgerichts, des Obersten Gerichts und des Obersten Schiedsgerichts vor sowie den Kandidaten für den Generalstaatsanwalt (Art. 83).

Der Präsident bestimmt die Grundlinie der Innen- und Außenpolitik und leitet auch letztere (Art. 80, Abs. 3 und Art. 86). Er gewährleistet das einvernehmliche Funktionieren und Zusammenwirken der Organe der Staatsmacht und ist zudem der Garant der Verfassung sowie der »Rechte und der Freiheiten des Menschen und Bürgers« (Art. 80, Abs. 2).

---

128 Vgl. zur neuen russischen Verfassung auch: Schweisfurth, Theodor, Der Staat soll in Zukunft für den Menschen dasein. Die russischen Wähler stimmen über eine Verfassung präsidialdemokratischen Zuschnitts ab, in: Frankfurter Allgemeine Zeitung, 9. 12. 1993, S. 10.

Darüber hinaus hat der Präsident das Recht, Neuwahlen anzuberaumen und ein Referendum anzuordnen (Art. 84).

Der Präsident ist Oberbefehlshaber der Streitkräfte (Art. 87) und kann über die gesamte Russische Föderation oder Teile von ihr in den vom Gesetz vorgesehenen Fällen den Ausnahmezustand verhängen. Die Staatsduma ist darüber nur zu informieren (Art. 88). Der Föderationsrat muß die Erklärung des Kriegszustandes und des Ausnahmezustandes durch den Präsidenten jedoch bestätigen. Zugleich entscheidet der Föderationsrat über den Einsatz der Streitkräfte im Ausland (Art. 102). Der Verfassungsentwurf räumt mit diesen Bestimmungen den Föderationssubjekten in diesen existentiellen Fragen des Staates Mitbestimmung ein.

Der Präsident kann nur vom Föderationsrat abgesetzt werden, wenn er Hochverrat oder ein schweres Verbrechen begangen hat. Dann hat die Staatsduma das Recht, ein – allerdings kompliziertes – Amtsenthebungsverfahren beim Verfassungsgericht einzuleiten (Art. 93).

Der Präsident leugnete in einem Interview am 15. November 1993 nicht, daß die Vollmachten des Präsidenten tatsächlich größer geworden sind.

»Aber was wollen Sie? In einem Land, das an Zaren und Führer gewöhnt ist; in einem Land, in dem sich keine klaren Interessengruppen herausgebildet haben, in dem die Träger der Interessen nicht bestimmt sind, sondern gerade erst normale Parteien in der Entstehung begriffen sind; in einem Land, in dem die Exekutivdisziplin außerordentlich schwach ist, in dem der rechtliche Nihilismus überall zu Hause ist; – wollen sie in einem solchen Land das Hauptgewicht allein oder in erster Linie auf das Parlament legen? Nach einem halben Jahr, wenn nicht früher, werden die Leute nach einem Diktator rufen. Dieser Diktator wird sich schnell finden, davon bin ich überzeugt. Und wahrscheinlich in diesem Parlament. Jede Zeit hat ihr eigenes Machtgleichgewicht in einem demokratischen System. Heute schlägt in Rußland dieses Gleichgewicht zugunsten des Präsidenten aus.«[129]

Die Verfassung beseitigt die bisherigen unterschiedlichen Rangstufen im Selbständigkeitsgrad der insgesamt 89 Föde-

---

129 Iswestija (Nachrichten) 16. 11. 1993.

rationssubjekte: der 21 Republiken, 6 Regionen, 49 Gebiete, der beiden Städte mit Bundesbedeutung Moskau und St. Petersburg, des Jüdischen Autonomen Gebiets sowie der 10 Autonomen Kreise. Alle 89 sind jetzt gleichberechtigte Subjekte der Russischen Föderation (Art. 5, Abs. 1). Dem widerspricht Artikel 66, der den Republiken eine Verfassung und den Gebieten nur ein Statut zuerkennt. Außerdem könnten sich die Autonomen Kreise auf ihre verfassungsmäßig verankerte Gleichberechtigung berufen und ihre bisherige Unterstellung unter ein Gebiet ablehnen. Auf diese Weise käme die gesamte föderale Ordnung der Russischen Föderation durcheinander.

Die Verfassung nimmt den ranghöchsten Föderationssubjekten, den Republiken, ihre Souveränität. Träger der Souveränität und einzige Quelle der Staatsmacht in der Russischen Föderation ist nun ihr multinationales Volk (Art. 3). Konsequenterweise ist der Föderationsvertrag vom 13. März 1992, der den Republiken ausdrücklich die Souveränität als Staaten zuerkennt, nicht mehr Bestandteil der Verfassung. Die Republiken dürften die ihre Souveränität aufhebenden Verfassungsbestimmungen als nationale Beleidigung empfinden. Die Frage ist, ob sich die Republiken mit der Aufhebung ihrer Souveränität und ihrer wirtschaftlichen Sonderrechte abfinden werden oder ob dies nicht die Verselbständigungstendenzen unter ihnen noch verstärken wird.

Die Verabschiedung dieser neuen Verfassung war aus politischen Gründen dringend erforderlich, um die alte Verfassung abzulösen, die keinen demokratischen Mechanismus kannte, um die gegenseitige Blockierung der beiden staatlichen Gewalten Volksdeputiertenkongreß bzw. Oberster Sowjet und Präsident zu überwinden, die am 3. Oktober 1993 zu einem blutigen Machtkampf eskalierte. In Zeiten des Umbruchs und der schwierigen Transformation braucht man eine starke Autorität an der Spitze in der Person des Präsidenten. Man ist dann allerdings – in Rußland wie im Westen – in gleichem Maße auch von der Person abhängig bzw. auf die Person angewiesen, die das Amt des Präsidenten innehat. Rußland wird noch lange Zeit auf vielfältige westliche Hilfe angewiesen sein. Jelzin weiß, daß sein Land nur dann diese in erheblichem Maße erwarten kann, wenn es den Weg zu Demokratie und Marktwirtschaft nicht verläßt.

In den Schlußbestimmungen der Verfassung ist festgelegt, daß die erste Legislaturperiode nur zwei Jahre dauern soll. Diese Bestimmung muß im Zusammenhang damit gesehen werden, daß Jelzin von seinem Entschluß wieder abgerückt ist, sich am 12. Juni 1994 vorgezogenen Präsidentschaftswahlen zu stellen, so daß er bis zum Ende seiner regulären Amtszeit am 12. Juni 1996 russisches Staatsoberhaupt sein dürfte. Jelzin möchte 1996 nicht erneut kandidieren und will in der Zwischenzeit einen würdigen Nachfolger für sich aussuchen. Das bedeutet, daß 1996 Neuwahlen sowohl des Parlaments als auch des Präsidenten stattfinden dürften und daß sich erst in zwei bis drei Jahren die mittelfristig geltende politische Konstellation herausbilden wird. Zu diesem Zeitpunkt könnte auch eine Verfassungsänderung vorgenommen werden, die jetzt schon entworfen wird. Ob diese Verfassungsänderung nur vorhandene Widersprüche beseitigt oder vielleicht auch die demokratischen Gegengewichte zum machtvollen Amt des Präsidenten stärkt, ist offen. Diese Frage wird an politischer Bedeutung gewinnen, wenn sich abzeichnen sollte, daß in einer Stichwahl unter Umständen Schirinowskij die Präsidentschaftswahl gewinnen könnte.

3. Perspektiven der Parteien

Die neuen demokratischen Parteien können sich nur auf wenige Mitglieder und kaum auf eine soziale Verankerung stützen. Auch ein Anknüpfen an die politischen Parteien der vorkommunistischen Zeit erwies sich als nicht möglich.[130] Die Menschen sind selten zur Mitarbeit in Parteien bereit, denn der Begriff der »Partei«, selbst wenn es sich nicht um eine kommunistische handelt, ist durch die KPdSU diskreditiert worden. Die neuen politischen Parteien sind insofern eher Kopfgeburten, von Intellektuellen dominiert. Ihre Führer sind meistens Natur- oder Geisteswissenschaftler ohne politische Erfahrung. Den neuen Eliten mangelt es – ihrem eigenen Bekunden nach – nicht nur an politischer Streitkultur im parlamentarischen Wettbewerb (Selbstbeschränkung, Kompromißbereitschaft, Verhandlungsfähigkeit), sondern auch an Sachkompetenz und Professionalität bei der Ausarbeitung und Umsetzung ihrer Konzepte.[131]

Typisch für die neuen Parteien ist ihre fortlaufende Zersplitterung. Treten politische Differenzen in den Vorständen der ohnehin kleinen Parteien auf, so verläßt der eine Teil des Vorstandes flugs den Raum, um eine neue Partei zu gründen. Auch wenn sich bei einigen Parteien der politische Realismus durchzusetzen beginnt und sie sich zu Parteiblöcken zusammenschließen, dann dauert es nicht lange, und diese Koalitionen zerfallen wieder.

---

130 Heinz Timmermann/Eberhard Schneider, Voraussetzungen und Perspektiven für die neuen Parteien in der Sowjetunion. Ergebnisse einer Forschungsreise in drei Republiken, in: Osteuropa, 11/1991, S. 1045–1065.
131 Vgl. zu den alten russischen politischen Parteien: Polititscheskaja istorija Rossii w partijach i lizach (Politische Geschichte Rußlands in Parteien und Personen) Moskau 1993.

In ihren Programmen sind sich die neuen demokratischen Parteien sehr ähnlich, weil ihre Aussagen vorrangig auf die Abwehr des Kommunismus und das Festschreiben der allgemeinen Grundlagen einer demokratischen Gesellschaft mit Marktwirtschaft ausgerichtet sind und weniger auf die Darlegung von Lösungsvorschlägen für die brennenden konkreten Probleme. Nicht selten ist die Parteimitgliedschaft zufällig, auch für die wenigen hauptberuflichen Parteifunktionäre, die dann gelegentlich von einer Partei zur anderen in ihrer hauptberuflichen Tätigkeit überwechseln, weil ihnen die Konditionen oder die Parteiführer mehr zusagen.

Das alles ist den neuen demokratischen Parteien nicht vorzuwerfen, sondern nur festzustellen. Diese Parteien sind unter schwierigen Bedingungen entstanden, in Ländern ohne eine gewachsene demokratische politische Kultur und mit ganz anderen Problemen als denen der westeuropäischen Staaten. Die neuen politischen Parteien werden erst dann größeres politisches Gewicht erhalten, wenn sie die Interessen verschiedener sozialer Gruppen vertreten, die es jetzt noch nicht gibt und die erst bei Zulassung des Privateigentums entstehen werden. Die soziale Differenzierung wird dann ihren politischen Ausdruck suchen und sich dazu politischer Parteien bedienen.

Parteien werden in Rußland, in der Ukraine und in Weißrußland auch erst dann eine wirkliche politische Rolle zu spielen beginnen können, wenn nach dem Ende der Partei, der KPdSU, ein größerer zeitlicher Abstand eingetreten und die Aversion der Bevölkerung gegen Parteien im allgemeinen abgeklungen ist. Von staatlicher Seite wäre ferner die Verabschiedung eines Parteiengesetzes dringend erforderlich, das den Parteien eine gewisse Grundfinanzierung zusichert und ihnen anteilige Sendezeit im Fernsehen einräumt. In einem so großen Land wie Rußland ist das Fernsehen das einzige Medium, das wirklich alle Menschen erreichen kann und welches ein wichtiges Instrument ist, um das Land, das sich über zehn Zeitzonen erstreckt, zusammenzuhalten. Wahlen gewinnt in Rußland derjenige, der über die Kommunikationsmittel verfügt.

Die ersten Anfänge eines Gewerkschaftspluralismus in den drei slawischen GUS-Staaten Rußland, der Ukraine und

Weißrußland sind nicht zu übersehen. Erst nach dem Einstellen der Krankenscheinausgabe durch die Gewerkschaftsföderation werden die Freien Gewerkschaften mit einem größeren Mitgliederzuwachs rechnen können. Ihrer Profilierung als echte Arbeitervertretungen, die auch etwas erreichen, dient der Abschluß von Tarifverträgen.

Jelzin, der über den Parteien stehen will, kann sich auf keine Partei stützen und hängt insofern politisch in der Luft. Alle Versuche, eine »Präsidentenpartei« zu gründen, haben bisher keine wirkliche politische Kraft zustande gebracht. Am ehesten kann sich Jelzin noch auf die Bewegung DR verlassen. Auf der anderen Seite gibt es in einer parlamentarischen Demokratie, die Rußland ja werden will, keine andere Institution und kein anderes Instrument der politischen Interessenvermittlung und der demokratischen Konfliktregulierung[132] als Parteien.

Während des Perestrojka-Prozesses garantierte nur die Person Gorbatschow die Fortsetzung der Reformen. Jelzin gelang es, als Reformgaranten eine neue Verfassung in Kraft zu setzen. Jetzt kommt es darauf an, daß er auch eine politische Institution für die Weiterentwicklung des Reformprozesses gründet: eine Partei.

---

[132] Alf Mitzel/Heinrich Oberreuter (Hrsg.), Parteien in der Bundesrepublik Deutschland, Bonn 1990, S. 9.

Anhang

Tabellierung von Parteien (nach Größe)

Parteiabkürzung	Mitgliederzahl	Gründungsdatum	Registrierungsdatum	Deputierte im Volkskongreß bzw. Obersten Sowjet
I. Russische Parteien				
				65
KPRF	600000	–	1993 24.3.	
LDPR	100000	1990 31.3.	1992 14.12.	–
RKAP	80000	1991 23./24.11.	1992 9.1.	5
DPR	60000	1990 26./27.5.	1991 14.3.	5
PWF	50000	1992 14.5.	1992 22.6.	–
VPFR	19000	1991 2./3.8.	1991 18.9.	50
RChDB	15000	1990 7.–9.4.	1991 6.6.	12
VPR	10000	1991 19.5.	1991 21.11.	3
SPW	10000	1991 26.10.	1991 21.11.	10
UdK-KPdSU	10000	1991 Frühjahr	1992 28.9.	–
AKPB	10000	1991 8.11.	–	–
ChDUR	6300	1989 5.5	1991 9.12.	–
SDPR	5600	1990 4.–6.5.	1991 4.3.	4
RPRF	5000	1990 17./18.11.	1991 14.3.	8

Parteiabkürzung	Mitgliederzahl	Gründungsdatum	Registrierungsdatum	Deputierte im Volkskongreß bzw. Obersten Sowjet
RPK	5000	1991 14./15.12.	1992 18.3.	–
NRPR	5000	1989 8.4.	1992 15.2.	–
KDP-PVF	4000	1991 15./16.6.	1991 25.9.	1
RChDP	2400	1990 12.5.	1991 25.9.	–
FDPR	2000	1991 22./23.6.	1992 17.2.	2
AUE	2000	1992 30.5.	1992 10.11.	–
RPG	1500	1991 26.5.	–	
RChDU	?	1992 25./26.1.	?	–
PdA	?	1992 9./10.10.	–	1

II. Ukrainische Parteien

Parteiabkürzung	Mitgliederzahl	Gründungsdatum	Registrierungsdatum	Deputierte im Volkskongreß bzw. Obersten Sowjet
URP	12000	1990 29./30.4.	?	11
PGU	7000	1990 28.–30.9.	ja	1
DPU	3000	1990 15./16.12.	1991 Juni	23
PDWU	3000	1990 1.12.	?	26
SDPU	2500	1990 27.5.	?	3
UChDP	?	1989 13.1.	?	?

III. Weißrussische Parteien

Parteiabkürzung	Mitgliederzahl	Gründungsdatum	Registrierungsdatum	Deputierte im Volkskongreß bzw. Obersten Sowjet
WSDP	800	1991 2./3.3.	1991 21.5.	11
ChDUW	700	1991 1.6.	?	–

Entwicklungsschema der ehemaligen Staatsgewerkschaften

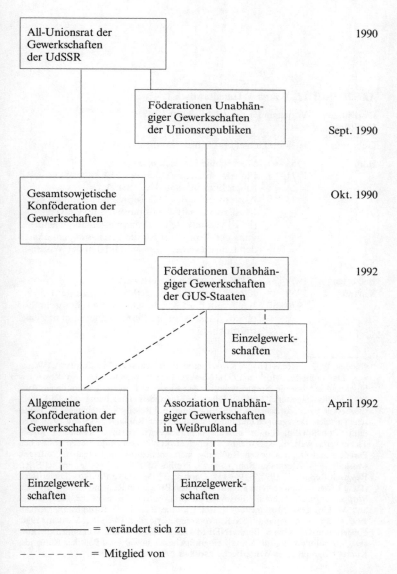

Biographien von Partei- und Gewerkschaftsvorsitzenden (in alphabetischer Reihenfolge)*

AKSJUTSCHIZ, Wiktor Wladimirowitsch

Derzeitige Funktion: Vorsitzender der RChDB seit 1990

Geboren: 1949 im Gebiet von Minsk (Weißrußland)

Bildung:
1965–68 Hochschule für Seefahrt in Riga
1971–77 Philosophische Fakultät der Moskauer Staatlichen Lomonossow-Universität
1978–79 Aspirantur an der Philosophischen Fakultät der Moskauer Staatlichen Lomonossow-Universität (KGB verhinderte die ordnungsgemäße Beendigung der Aspirantur für die Erreichung des akademischen Grades eines Kandidaten der Wissenschaften)

Bisherige Karriere:
1969–71 Militärdienst bei der Ostseeflotte
1969–78 KPdSU-Mitglied (aus KPdSU ausgetreten)
1979–87 Bauarbeiter auf Kolchosen und Sowchosen in Sibirien, Kasachstan, im Fernen Osten und in Zentralrußland

---

* Quellen: W.G. Gelbras (Hrsg.), Kto est schto. Polititscheskaja Moskwa 1993. (Wer ist was. Das politische Moskau 1993), Moskau 1993 b. w. Kto est kto w Rossii i w blischnem sarubeschje. Sprawotschnik. (Wer ist wer in Rußland und im nahen Ausland. Nachschlagewerk), Moskau 1993. Roj Medwedew (Hrsg.) Sprawotschnik. Polititscheskije partii, dwischenija i bloki sowremmenoj Rossii (Nachschlagewerk. Politische Parteien, Bewegungen und Blöcke des modernen Rußland), Moskau 1993. Wladimir Pribylowskij, Slowar nowych polititscheskich partij i organisazij Rossii. Tschetwertyj wariant, isprawlennyj i dopolnenyj (Wörterbuch der neuen politischen Parteien und Organisationen Rußlands, vierte berichtigte und ergänzte Auflage), Moskau 1993. Alexander Rahr (comp.), Profiles of Fifteen Leaders, in: RFE/RL Research Report, 20/1993, S. 96–111. Ogonek, 27/1993. Oleg Prudkow/Dieter Bach (Hrsg.), Wer sitzt morgen im Kreml? Die neuen Parteien in Rußland und ihre Führer, Wuppertal 1992. Vladimir Pribylovskij (comp.), Active Figures of the Trade Union and Working Class Movement of Russia, Ukraine, Bielorussia, Kazakhstan, Moskau 1992. Narodnyje deputaty SSSR (Volksdeputierte der UdSSR), Moskau 1990. Sowjetunion-Datenbank, Bonn. INDEM-Datenbank, Moskau. Wladimir Pribylowskij, Sto politikow Rossii. Kratkij biografitscheskij slowar (100 Politiker Rußlands. Kurzes biographisches Wörterbuch), Moskau 1992.

1987–	Mitherausgeber der literarisch-philosophischen Zeitschrift »Wahl«
1988–89	Tätigkeit in der wissenschaftlich-technischen Kooperative »Perspektiwa«
1988–90	Leiter der Verlagsabteilung im russisch-panamesisch-amerikanischen Joint-Venture »PUICO« (»Pacific Union Ivestment Co.«)
1990	Mitbegründer der RChDB
1990–93	Volksdeputierter der Russischen Föderation
1990–93	Vorsitzender der Unterkommission des Obersten Sowjet der Russischen Föderation für Gewissensfreiheit, Konfessionen und Wohltätigkeit
1992	Austritt aus DR

ANDREJEWA, Nina Aleksandrowna

Derzeitige Funktion:	Generalsekretärin der AKPB seit 1991
Geboren:	1938 in Leningrad

Bildung:	1961	Abschluß des Leningrader Technologischen Instituts als Ingenieur-Technologin Kandidatin der Technischen Wissenschaften
Bisherige Karriere:	1966–91	KPdSU-Mitglied
	1972–88	Assistentin, dann ab
	1988–	Dozentin für Chemie am Leningrader Technologischen Institut
	1990–	Vorsitzende des Politexekutivkomitees der Allunionsgesellschaft »Einheit – für Leninismus und kommunistische Ideale«
	1991	Mitbegründerin der AKPB

ANPILOW, Wiktor Iwanowitsch

Derzeitige Funktion:	Führungsmitglied der RKAP seit 1991, Oktober 1993 verhaftet
Geboren:	1945 im Kraj Krasnojarsk

Bildung:	1968–73	Studium an der Internationalen Abteilung der Journalistischen Fakultät der Moskauer Staatlichen Lomonossow-Universität
Bisherige Karriere:	1962–64	Schlosser in einem Kombine-Werk in Taganrog
	1964–67	Militärdienst (Raketeneinheit, Baltischer Militärbezirk)
	1967–68	Journalistische Tätigkeit
	1972–91	KPdSU-Mitglied
	1973–74	Übersetzer am Kubanischen Erdöl-Institut in Havanna

1974–78	Korrespondent einer Regionalzeitung im Gebiet von Moskau
1978–81	Lateinamerika-Kommentator von Gostelradio der UdSSR Korrespondent in Nicaragua während des Bürgerkrieges
1990	Deputierter des Moskauer Stadtsowjet
1991	Sekretär des ZK der RKAP
1991	Redakteur des RKAP-Organs »Molnja« (»Blitz«)
1992	Initiator einer Reihe kommunistischer Gruppen
1993	Maßgebliche Beteiligung am militärischen Widerstand im Weißen Haus

ASTAFJEW, Michail Georgijewitsch

Derzeitige Funktion:	Vorsitzender der KDP-PVF seit 1991 Ko-Vorsitzender der FNR seit 1992
Geboren:	1946 in Moskau
Bildung:	Studienabschluß 1970 an der Physikalischen Fakultät der Moskauer Staatlichen Lomonossow-Universität
Bisherige Karriere:	1970–72 Militärdienst (Raketentruppen) 1972–90 Wissenschaftlicher Mitarbeiter am Institut für Physikalische Chemie der Akademie der Wissenschaften der UdSSR 1989–90 Mitbegründer der DR 1990 Mitbegründer der KDP-PVF 1990–93 Volksdeputierter der Russischen Föderation 1990–93 Mitglied der Unterkommission des Obersten Sowjet der Russischen Föderation für Gewissensfreiheit, Konfessionen, Wohl- und Mildtätigkeit

BABURIN, Sergej Nikolajewitsch

Derzeitige Funktion:	Ko-Vorsitzender der FNR seit 1992 Dekan der Juristischen Fakultät der Universität Omsk seit 1988
Geboren:	1959 in Semipalatinsk (Kasachstan)
Bildung:	1976–81 Juristische Fakultät der Universität von Omsk 1986 Kandidat der Juristischen Wissenschaften
Bisherige Karriere:	1981–83 Militärdienst, u.a. in Afghanistan 1981–91 KPdSU-Mitglied 1983–86 Aspirantur an der Juristischen Fakultät der Universität Leningrad 1987–88 Stellvertretender Dekan der Juristischen Fakultät der Universität Leningrad 1987–88 Gründer eines politischen Diskussionsklubs in Omsk

1990	Gründung der Deputiertengruppe »Rußland« im Volkskongreß der Russischen Föderation
1991	Gründung der »Russischen Allgemeinen Volksunion«
1990–93	Volksdeputierter der Russischen Föderation
1990–93	Ko-Koordinator der Volkskongreßfraktion »Rußland«
1990–93	Vorsitzender der Unterkommission des Obersten Sowjet der Russischen Föderation für Gesetzgebung

BADSJO, Jurij Wassiljewitsch

Derzeitige Funktion:	Vorsitzender der DPU seit 1990
Geboren:	1936
Ausbildung:	Philosophische Fakultät der Universität von Uschgorod
Bisherige Karriere:	Aspirant am Institut für Literatur der Akademie der Wissenschaften der Ukrainischen SSR Redakteur des Verlages »Molod« KPdSU-Ausschluß wegen agitatorischer Tätigkeit sieben Jahre Arbeitslager fünf Jahre Verbannung
1989	Tätigkeit in der Gesellschaft für ukrainische Sprachen namens »Proswita«

BORODIN, Oleg Petrowitsch

Derzeitige Funktion:	Ko-Vorsitzender der VPR seit 1991
Geboren:	1943 in Jakutsk
Ausbildung:	1964 Absolvierung der Flugzeughochschule in Omsk
Bisherige Karriere:	
1964–68	Techniker für Flugzeugelektronikausrüstung am Flughafen von Jakutsk
1968–80	Korrespondent der Zeitung »Sozialistisches Jakutien«
1980–86	Sonderkorrespondent in Jakutien für die Zeitung »Luftverkehr«
1986–90	Sonderkorrespondent in Jakutien für die Zeitung »Iswestija«
1989–91	Volksdeputierter der UdSSR; Mitglied der Gesetzgebungskommission des Obersten Sowjet der UdSSR
1990–91	Mitglied des Koordinierungsrates der Bewegung DR

BOROWOJ, Konstantin Natanowitsch

Derzeitige Funktion:	Ko-Vorsitzender der PWF seit 1992
	Präsident der Russischen Rohstoffbörse seit 1990
	Mitglied des Unternehmerrates beim Präsidenten der Russischen Föderation seit 1991
	Präsident der Agentur Wirtschaftsneuigkeiten
	Vorsitzender des Vorstandes der Allrussischen nationalen Kommerzbank
	Präsident der Russischen Investitionsgesellschaft »Rinako« seit 1992
	Ko-Vorsitzender der Stiftung »Außenpolitik Rußlands«
	Ko-Vorsitzender der Fernsehgesellschaft »Unser kommerzielles Fernsehen«
Geboren:	1948 in Moskau

Bildung:
- 1970 Abschluß der Fakultät für EDV des Moskauer Instituts für Eisenbahntransportwesen
- 1974 Abschluß der Mechanisch-mathematischen Fakultät der Moskauer Staatlichen Lomonossow-Universität
- Kandidat der Technischen Wissenschaften

Bisherige Karriere:
- 1976 Aspirant des Moskauer Instituts für Transport-Ingenieure
- 1983–87 Dozent am Moskauer Institut für Bodenbewirtschaftung
- Dozent am Institut für Tiefbau
- 1987– Geschäftsmann
- 1988 Herausgabe der Zeitschrift »Wir und der Computer«
- 1991 Mitglied des Rates für Unternehmertum beim Präsidenten der UdSSR
- 1991 Wirtschaftsberater des Vorsitzenden des Staatlichen Allunions-Fernsehens
- 1992 Mitbegründer der PWF

BYKOW, Gennadij Aleksandrowitsch

Derzeitige Funktion:	Vorsitzender der Freien Gewerkschaft von Weißrußland seit 1991
	Ko-Vorsitzender des Minsker Streikkomitees seit 1991
Geboren:	1957 in Krulewschtschizna (Gebiet Witebsk)
Ausbildung:	1987 Graduierter Historiker der Weißrussischen Staatlichen Universität

Bisherige Karriere:
- 1974–76 Eisenbahnarbeiter auf der Station Krulewschtschizna
- 1976–78 Militärdienst
- 1978–91 Schleifer im Mascherow-Werk für Automaten in Minsk

	1982–90	KPdSU-Mitglied
	seit 1988	Aktives Mitglied der Weißrussischen Volksfront
	1991	Stellvertretender Vorsitzender des (offiziellen) Gewerkschaftskomitees seines Betriebes

CHOMJAKOW, Walerij Aleksejewitsch

Derzeitige Funktion:	Vorsitzender des Vorstands der DPR seit 1993
Geboren:	1949 in Pospelicha (Altai-Gebiet)
Ausbildung:	1966 Studium an der Radiotechnischen Hochschule in Rjasan 1973 Ingenieur-Ökonom an der Hochschule für Flugwesen in Moskau

Bisherige Karriere:		
	bis 1990	KPdSU-Mitglied
	1973–82	Armee-Ingenieur
	1982–88	Chefingenieur an der Radiotechnischen Hochschule in Rjasan
	1988–90	Stellvertretender Abteilungsleiter am Radiotechnischen Institut der Akademie der Wissenschaften der UdSSR
	1989	Mitglied des oppositionellen Perestrojka-Klubs
	1990	Mitglied der »Demokratischen Plattform in der KPdSU« Austritt aus der KPdSU; Mitglied des Gründungskomitees der DPR
	1990–91	Stellvertretender Leiter des Sekretariats der DPR
	1991	Mitglied des Vorstands der Moskauer Organisation der DPR
	1991–93	Vorsitzender des Exekutivkomitees der DPR

CHRAMOW, Sergej Wladimirowitsch

Derzeitige Funktion:	Vorsitzender der Gewerkschaft »SozProf Rußlands« Vorsitzender des Koordinierungsrates der Interrepublikanischen Assoziation »SozProf« (zuerst von »SozProf der UdSSR«) seit 1990
Geboren:	1954 in Moskau
Ausbildung:	1982 Graduierter Geochemiker und Ozeanologe der Moskauer Staatlichen Lomonossow-Universität

Bisherige Karriere:		
	1971–72	Dreher
	1972–75	Militärdienst in der sowjetischen Seekriegsflotte (während des israelisch-arabischen Krieges 1973 Einsatz im Mittelmeer)
	1975–89	Labor-Assistent und Ingenieur am Institut für Ozeanologie der Akademie der Wissenschaften der UdSSR

ab 1979 Verbreitung von Samisdat-Schriften
1988–89 Mitglied der Partei »Demokratische Union«
seit 1990 Mitglied der Sozialdemokratischen Partei der Russischen Föderation
seit 1991 Mitglied des Führungsgremiums der Sozialdemokratischen Partei der Russischen Föderation
seit 1992 Mitglied der Dreiseitigen Kommission

FEDOROW, Swjatoslaw Nikolajewitsch

Derzeitige Funktion:	Ko-Vorsitzender der PWF seit 1992 Generaldirektor des Wissenschaftlich-technischen Komplexes »Mikrochirurgie des Auges« seit 1986 Mitglied des Obersten konsultiv-koordinierenden Rates beim Vorsitzenden des Obersten Sowjet der Russischen Föderation seit 1991 Vorsitzender der Leitung der Allrussischen Wissenschaftlichen Gesellschaft Vizepräsident des Internationalen Russischen Klubs seit 1992 Vorsitzender der Leitung der Allrussischen Gesellschaft für Augenheilkunde Chefredakteur der Zeitschrift »Augenchirurgie« Präsident der Union der Pächter und Unternehmer Rußlands Mitglied des Redaktionskollegiums zahlreicher ausländischer Fachzeitschriften für Augenheilkunde
Geboren:	1927 in Proskurow (Ukraine)
Bildung:	1943 Absolvierung der Militärhochschule in Jerewan 1952 Abschluß des Medizinischen Instituts in Rostow 1958 Kandidat der Medizinischen Wissenschaften 1967 Doktor der Medizinischen Wissenschaften Professor 1981 Korrespondierendes Mitglied der Akademie der Medizinischen Wissenschaften der UdSSR 1987 Korrespondierendes Mitglied der Akademie der Wissenschaften Rußlands Mitglied der Akademie für Naturwissenschaften
Bisherige Karriere:	1952–74 Augenarzt in verschiedenen Gebieten des Landes 1957–91 KPdSU-Mitglied 1974–80 Direktor des Moskauer Wissenschaftlichen Forschungslaboratoriums des Experimentellen klinischen Zentrums für die Chirurgie des Auges 1980–86 Direktor des Moskauer Wissenschaftlichen Forschungsinstituts für die Mikrochirurgie des Auges Leiter des Lehrstuhls für Augenkrankheiten

1989–91	Volksdeputierter der UdSSR
	Präsident des Rates für humanitäre Hilfe beim Präsidenten der UdSSR
1991	DPR-Eintritt
1992	PWF-Mitglied

FILENKO, Wladimir Filippowitsch

Derzeitige Funktion: Vorsitzender der PDWU seit 1992

Geboren: 1955 in Charkow

Ausbildung: Absolvierung der Universität Charkow

Bisherige Karriere:
Lehrer
Militärdienst
Komsomolarbeit
1979 KPdSU-Eintritt
KPdSU-Arbeit
Sekretär des KPdSU-Komitees einer Sowchose

GDLJAN, Telman Chorenowitsch

Derzeitige Funktion: Vorsitzender der VPR seit 1993
Präsident der Sacharow-Stiftung »Fortschritt, Schutz der Menschenrechte und Mildtätigkeit«

Geboren: 1940 in Bolschoj Sapsar (in Armenien)

Bildung: 1964–68 Studium am Juristischen Institut von Saratow namens D. I. Kurskij

Bisherige Karriere:
1962–90	KPdSU-Mitglied
1968–73	Untersuchungsführer der Staatsanwaltschaft des Gebietes Uljanowsk
1974–86	Sonderuntersuchungsführer der Generalstaatsanwaltschaft der UdSSR
1986–90	Untersuchungsführer bezüglich der Korruption in Usbekistan und im Apparat des ZK der KPdSU
1989–91	Volksdeputierter der UdSSR
–1990	Leiter der Kommission des Volkskongresses der UdSSR zur Prüfung von Korruptionsvorwürfen
1991	Mitglied des Obersten Sowjet der UdSSR
1991–92	DR-Mitglied
1991–92	Mitglied des DR-Koordinationsrates
1991	Gründung der VPR
1992	Ko-Vorsitzender der VPR

GOLOWIN, Andrej Leonidowitsch

Derzeitige Funktion: Ko-Vorsitzender der »Bürgerunion« seit 1992

Geboren: 1956

Ausbildung:	Studium am Moskauer Ingenieur-physikalischen Institut
Bisherige Karriere:	Wissenschaftlicher Mitarbeiter des Instituts für Kristallographie der Akademie der Wissenschaften der UdSSR
1990–93	Volksdeputierter der Russischen Föderation Ko-Koordinator der Volkskongreßfraktion »Wechsel – Neue Politik«

GONTSCHARIK, Wladimir Iwanowitsch

Derzeitige Funktion:	Vorsitzender der Gewerkschaftsföderation Weißrußlands seit 1990
Geboren:	1940 in Awgustowo (Gebiet Minsk)
Ausbildung:	Kandidat der Wirtschaftswissenschaften am Weißrussischen Institut für Nationalökonomie namens W. Kujbyschew Akademie für Gesellschaftswissenschaften beim ZK der KPdSU
Bisherige Karriere:	Ökonom, dann Stellvertretender Vorsitzender der Sowchose »10 Jahre WSSR« Komsomolarbeit
bis 1991	KPdSU-Mitglied Parteiarbeit 2. KPdSU-Sekretär des Mogilewer Gebietsparteikomitees
1986–90	Vorsitzender des Weißrussischen Rates der Gewerkschaften der Sowjetunion
1989–91	Volksdeputierter der UdSSR

ISSAKOW, Wladimir Borissowitsch

Derzeitige Funktion:	Ko-Vorsitzender von FNR seit 1992
Geboren:	1950 in Nischnyj Tagil (Gebiet Swerdlowsk)
Ausbildung:	1971 Studium am Swerdlowsker Juristischen Institut namens R.A. Rudenko Doktor der Juristischen Wissenschaften Professor am Swerdlowsker Juristischen Institut
Bisherige Karriere:	Tätigkeit im Swerdlowsker Juristischen Institut
1980–90	KPdSU-Mitglied
1989–91	Mitglied der Bewegung »Demokratische Wahl« der Swerdlowsker Abteilung von DR
1991	Ausschluß aus DR
1990–91	Vorsitzender des Republikssowjet des Obersten Sowjet der Russischen Föderation
1990–93	Volksdeputierter der Russischen Föderation Mitglied des Obersten Sowjet der Russischen Föderation

IWASCHTSCHENKO, Olexandr Witaljewitsch

Derzeitige Funktion:	Vorsitzender von WOST seit 1991
Geboren:	1957 in Snjatin (Gebiet Iwano-Frankowsk)
Ausbildung:	1986 Absolvierung des Studiums des Polytechnischen Instituts von Donezk als Ingenieur

Bisherige Karriere:
- 1977–80 Manager in einer Keramsit-Fabrik in Jaworow im Lemberger (Lwower) Gebiet
- 1980–84 Ingenieur im Metallurgischen Werk von Donezk
- 1982–89 KPdSU-Mitglied
- 1984–86 Arbeit in der Gorkij-Zeche in Donezk
- 1986 Tischler in der Zeche »Sozialistischer Donbass« in Donezk
- 1989 Vorsitzender des Arbeiter-Kollektivs der Zeche
  Vorsitzender des Gewerkschaftskomitees der Zeche
  Mitglied des Streikkomitees der Zeche
  Mitglied des Streikkomitees von Donezk
- 1991 Mitglied des Streikkomitees der Zeche und des Streikkomitees von Donezk

JAKUNIN, Gleb Pawlowitsch

Derzeitige Funktion:	Ko-Vorsitzender von DR seit 1993 Vorsitzender der RChDU seit 1992
Geboren:	1934
Ausbildung:	Studium an der Biologisch-Jagdkundlichen Fakultät des Landwirtschaftsinstituts in Irkutsk 1962 Absolvierung der Ausbildung zum russisch-orthodoxen Priester

Bisherige Karriere:
- Priester in Sarajsk und in Dmitrow (Gebiet Moskau)
- 1965 Entlassung aus dem Priesteramt wegen seines Protestes gegen staatliche Repressalien gegenüber der Kirche
- 1976 Gründer des Komitees zum Schutz der Rechte der Gläubigen in der UdSSR
- 1979–87 Internierung in einem Lager, zeitweise unter strengem Regime
- 1988 Gründung der Initiative »Kirche und Perestrojka«
- 1990–92 Mitglied der Duma der RChDB
- 1990–93 Volksdeputierter der Russischen Föderation
  Ko-Vorsitzender der Kommission des Obersten Sowjet der Russischen Föderation für Glaubensfreiheit, Konfessionen und Wohltätigkeit
- 1993 Entlassung aus dem Priesterdienst durch die Kirche wegen politischer Tätigkeit

KLJUTSCHKOW, Igor Jewgenjewitsch

Derzeitige Funktion:	Vorsitzender der Föderation Unabhängiger Gewerkschaften Rußlands (FNPR) 1990–1993
Geboren:	1939 in Rostow am Don
Ausbildung:	Abschluß am Bauingenieur-Institut in Odessa Fernstudium an der Parteihochschule bei ZK der KPdSU

Bisherige Karriere:
- 1961–63 Meister in einem Bau- und Montagezug des Trusts »Moselektrotjagstroj«
- 1963–68 Zweiter, dann Erster Komsomol-Sekretär des Stadtkomitees von Naro-Fominsk (Gebiet Moskau)
- 1964–91 KPdSU-Mitglied
- 1968–70 Leitender Ingenieur des Trusts »Gidromontasch« des Ministeriums der UdSSR für Landmaschinenbau
- 1968–70 KPdSU-Sekretär des Parteikomitees des Trusts
- 1970–75 Vorsitzender des Stadtexekutivkomitees von Naro-Fominsk
- 1975–77 Stadtparteichef von Naro-Fominsk
- 1977–86 KPdSU-Sekretär des Moskauer Gebietsparteikomitees
- 1986–89 Sekretär des Allunionsrates der Gewerkschaften der Sowjetunion
- 1989–90 Stellvertretender Vorsitzender des Allunionsrates der Gewerkschaften der Sowjetunion
- bis 1990 Deputierter des Obersten Sowjet der RSFSR

KONSTANTINOW, Ilja Wladislawowitsch

Derzeitige Funktion:	Ko-Vorsitzender von FNR seit 1992 Verantwortlicher Sekretär der RChDB seit 1992
Geboren:	1956 in Leningrad
Ausbildung:	1980 Studium an der Wirtschaftsfakultät der Leningrader Staatlichen Universität

Bisherige Karriere:
- bis 1989 Heizer im Werk Lenenergo in Leningrad
- 1988 Mitbegründer der Leningrader Nationalen Front Mitglied des Koordinationsrates der Leningrader Nationalen Front Gründungsmitglied der DPR
- bis 1991 Mitglied der FDPR
- 1991 Wechsel zur RChDB
- 1991–92 Stellvertretender Vorsitzender der RChDB
- 1990–93 Volksdeputierter der Russischen Föderation Mitglied der Kommission des Obersten Sowjet der Russischen Föderation für Gewissensfreiheit, Konfessionen, Wohl- und Mildtätigkeit

KRJUTSCHKOW, Anatolij Wiktorowitsch

Derzeitige Funktion:	Vorsitzender der RPK seit 1992
Geboren:	1944 in Chirino (Gebiet Rjasan)
Bildung:	1974 Abschluß des Juristischen Fernstudien-Instituts in Moskau
	1976–79 Studium an der Akademie beim Innenministerium der UdSSR in Moskau
	1979 Kandidat der Rechtswissenschaften
Bisherige Karriere:	1964 Eisenbahnarbeiter im Gebiet Tula
	1964–67 Militärdienst
	1967–69 Meister in einem Militärflugzeugwerk in Rjasan
	1969 Inspektor der Miliz (= Polizei)
	1970–91 KPdSU-Mitglied
	–1975 Leiter der Abteilung Verbrechensvorbeugung der Miliz in Rjasan
	1979–83 Dozent an der Akademie des Innenministeriums der UdSSR in Moskau
	1983–92 Wissenschaftlicher Mitarbeiter am Forschungsinstitut des Innenministeriums der UdSSR, dann der RSFSR
	1990 Mitbegründer der »Marxistischen Plattform in der KPdSU«
	1990–91 Mitglied der KP der RSFSR
	1990–91 Mitglied der Kommission zur Ausarbeitung eines neuen Parteiprogramms der KPdSU
	1991– RPK-Mitglied
	1991–92 Stellvertretender Vorsitzender der RPK

LIPIZKIJ, Wassilij Semjonowitsch

Derzeitige Funktion:	Vorsitzender der Parteileitung der VPFR seit 1992
	Leiter des Apparats der »Bürgerunion« seit 1992
	Ko-Vorsitzender der »Bewegung für demokratische Reformen« seit 1992
Geboren:	1947 in Moskau
Nationalität:	Ukrainer
Bildung:	1970 Absolvierung der Historischen Fakultät der Moskauer Staatlichen Lomonossow-Universität
	1973 Kandidat der Philosophischen Wissenschaften der Historischen Fakultät der Moskauer Staatlichen Lomonossow-Universität
	1989 Doktor der Philosophischen Wissenschaften
Bisherige Karriere:	1964–65 Archiv-technischer Mitarbeiter des Zentralarchivs für alte Akten
	1970–73 Instrukteur des ZK des Komsomol
	1973–83 Wissenschaftlicher Mitarbeiter, dann Leiter der

	Abteilung für Probleme der kommunistischen Erziehung der Jugend an der Moskauer Staatlichen Lomonossow-Universität
1976–91	KPdSU-Mitglied
1983–90	Sektorleiter am Institut für Marxismus-Leninismus beim ZK der KPdSU, 1991 umbenannt in Institut für sozio-politische Forschungen
1990	Mitglied des ZK der KP der RSFSR
1990–91	Koordinator der »Demokratischen Plattform der KPdSU«
1991	Direktor des Analytischen Zentrums des Instituts für sozio-politische Forschungen
1991	Ausschluß aus der KPdSU wegen Parteispaltung
1991	Organisator der »Demokratischen Partei der Kommunisten«
1991	Vorstandsvorsitzender der »Demokratischen Partei der Kommunisten Rußlands«

MAKASCHOW, Albert Michajlowitsch

Derzeitige Funktion:	Ko-Vorsitzender von FNR seit 1992, Oktober 1993 verhaftet Mitglied der Duma der RNV seit 1992 Mitglied des ZK der RKAP
Geboren:	1938 in Lewaja Rossosch (Gebiet Woronesch)
Bildung:	Absolvierung der Suworow-Schule in Woronesch Absolvierung der Hochschule für militärische Kommandeure in Taschkent Absolvierung der Frunse-Militärakademie in Moskau Absolvierung der Generalstabsakademie der UdSSR in Moskau

Bisherige Karriere:	1961–91	KPdSU-Mitglied
		Militärdienst in verschiedenen Militärbezirken, darunter auch in der DDR
	1986–89	1. Stellvertretender Befehlshaber des Militärbezirks Transkaukasus
	1989–91	Befehlshaber des Militärbezirks Wolga-Ural Generaloberst
	1991	Entlassung aus dem Militärdienst wegen Unterstützung der Putschisten
	1989–91	Volksdeputierter der UdSSR
	1990–91	Mitglied der KP der RSFSR
	1990–91	Mitglied des ZK der KP der RSFSR
	1991	Erhielt 4% der Stimmen bei der Präsidentschaftswahl
	1991–	Mitglied der KPRF
	1993	Kommandeur des militärischen Widerstandes im Weißen Haus

MRIL, Aleksandr Ruslanowitsch

Derzeitige Funktion:	Vorsitzender der Unabhängigen Gewerkschaft der Bergarbeiter der Ukraine (NPGU) seit 1991 Mitglied des (vorher UdSSR-)Koordinierungsrates der Interrepublikanischen Unabhängigen Gewerkschaft der Bergarbeiter seit 1990
Geboren:	1956 in Kysyltum (Gebiet Koktschetaw) in Kasachstan

Bisherige Karriere:

bis 1989	Verschiedene Tätigkeiten in Zechen des Donbass als Tunnelbauer, Bergmann und Monteur unter Tage
1989	Mitglied des Streikkomitees der Produktionsvereinigung »Krasnoarmejskugol« in Krasnoarmejsk im Lugansker Gebiet Vorsitzender des Streikkomitees von Krasnoarmejsk
1991	Stellvertretender Vorsitzender des Koordinierungsrates der Interrepublikanischen Unabhängigen Gewerkschaft der Bergarbeiter
1991	Vorsitzender des Streikkomitees von Krasnoarmejsk

OGORODNIKOW, Aleksandr Ioiljewitsch

Derzeitige Funktion:	Vorsitzender der ChDUR seit 1989 Herausgeber der Zeitung »Bote der christlichen Demokratie« seit 1989
Geboren:	1950 in Tschistopol (Ural)

Bildung:

1971	aus politischen Gründen von der Philosophischen Fakultät der Uraler Universität exmatrikuliert
1973	aus politischen Gründen vom Allunions-Staatsinstitut für Kinematographie exmatrikuliert

Bisherige Karriere:

1967–70	Dreher in der Uraler Uhrenfabrik
1973	Auf- und Auslader
1974–78	Mitherausgeber der illegalen Zeitschrift »Obschtschina« (»Gesellschaft«)
1978	Lehnte den Vorschlag des KGB zur Emigration ab
1979–87	Politischer Häftling, u.a. in der Todeszone von Perm-36, und zwei Jahre Hungerlager und Kerker, weil er eine Bibel verlangte
1987	Freilassung dank der Kampagne von Margaret Thatcher und Andrej Sacharow
1987–90	Kampf für Menschenrechte Redakteur des »Bulletins der christlichen Öffentlichkeit«

PAWLOW, Nikolaj Aleksandrowitsch

Derzeitige Funktion:	Ko-Vorsitzender von FNR seit 1992
Geboren:	1951 im Gebiet Jaroslawl
Ausbildung:	1978 Studium an der Fakultät für Biologie der Universität von Tjumen Kandidat der Biologischen Wissenschaften
Bisherige Karriere:	1989 Doktorand 1990 KPdSU-Eintritt 1990–93 Volksdeputierter der Russischen Föderation Stellvertretender Vorsitzender der Kommission des Obersten Sowjet der Russischen Föderation für Frauenangelegenheiten, Schutz der Familie, Mutterschaft und Kindheit Ko-Koordinator der Volkskongreßfraktion »Rußland«

PONOMAREW, Lew Aleksandrowitsch

Derzeitige Funktion:	Ko-Vorsitzender von DR seit 1990
Geboren:	1941 in Tomsk
Bildung:	1959–65 Studium am Physikalisch-technischen Institut in Moskau 1969 Kandidat der Physikalisch-mathematischen Wissenschaften 1983 Doktor der Physikalisch-mathematischen Wissenschaften
Bisherige Karriere:	1958–59 Elektromonteur-Prüfer im Moskauer Werk »Proschektor« 1965–68 Aspirantur am Physikalisch-technischen Institut in Moskau 1968–90 Wissenschaftlicher Mitarbeiter im Institut für theoretische und experimentelle Physik in Moskau 1987 Mitglied des Klubs »Perestrojka« 1987 Mitbegründer von »Memorial« 1990–93 Volksdeputierter der Russischen Föderation 1990–93 Vorsitzender der Unterkommission des Obersten Sowjet der Russischen Föderation für Massenmedien, die Verbindung zu den gesellschaftlichen Organisationen, Bürgerbewegungen und für die Erforschung der öffentlichen Meinung 1990–93 Koordinator der Volkskongreßfraktion »Demokratisches Rußland« 1991–92 Leiter der Kommission des Obersten Sowjet zur Untersuchung der Tätigkeit des Putschisten-Komitees (August 1991)

	1991	Ko-Vorsitzender der FDPR
	1992	Austritt aus der FDPR

POPOW, Gawriil Charitonowitsch

Derzeitige Funktion:	Vorsitzender der RBDR 1992	
Geboren:	1936 in Moskau	
Bildung:	1959	Absolvierung der Wirtschaftsfakultät der Moskauer Staatlichen Lomonossow-Universität
		Kandidat der Wirtschaftswissenschaften
		Doktor der Wirtschaftswissenschaften
		Professor
		Mitglied der Russischen Akademie für Naturwissenschaften
Bisherige Karriere:	1959–90	KPdSU-Mitglied
	1960–61	Sekretär des Komsomol-Komitees der Moskauer Staatlichen Lomonossow-Universität
	1961–77	Dozent für Wirtschaftspolitik an der Moskauer Staatlichen Lomonossow-Universität
	1977–80	Dekan der Wirtschaftsfakultät der Moskauer Staatlichen Lomonossow-Universität
	1980–88	Lehrtätigkeit an der Wirtschaftsfakultät der Moskauer Staatlichen Lomonossow-Universität
	1988–90	Chefredakteur der Zeitschrift »Wirtschaftsfragen«
	1989–90	Präsident der Assoziation junger Unternehmensleiter
	1989–91	Volksdeputierter der UdSSR
	1989–90	Ko-Vorsitzender der Interregionalen Deputiertengruppe des Volkskongresses der UdSSR
	1989–91	Mitglied der Planungs- sowie Budget-Kommission des Obersten Sowjet der UdSSR
	1990–91	Mitglied des Koordinierungsrates von DR
	1990–91	Vorsitzender des Stadtsowjet von Moskau
	1991–92	Oberbürgermeister von Moskau
	1991	Vertreter des Präsidenten der Russischen Föderation für das Verwaltungsgebiet Moskau
	1991–93	Mitglied des Konsultativrates des Präsidenten der Russischen Föderation
	1991–92	Ko-Vorsitzender der »Bewegung für demokratische Reformen«

RASPUTIN, Walentin Grigorjewitsch

Derzeitige Funktion:	Ko-Vorsitzender RNV seit 1992
	Schriftsteller
Geboren:	1937 in Ust-Ude (Gebiet Irkutsk)

Ausbildung:	Studium an der Irkutsker Staatlichen Universität Auszeichnung mit dem Umweltdiplom der UNO
Bisherige Karriere:	bis 1966 Tätigkeit als Journalist in der Jugendpresse von Irkutsk und Krasnojarsk seit 1966 Schriftsteller Sekretär des Schriftstellerverbandes der UdSSR 1986–92 Sekretär des Schriftstellerverbandes der RSFSR 1989–91 Volksdeputierter der UdSSR 1990–91 Mitglied des Präsidialrates der UdSSR Initiator der Bewegung zur Rettung des Bajkal-Sees und zur Erhaltung und Vermehrung der Naturreichtümer Sibiriens, des Fernen Ostens und anderer Regionen Rußlands Ko-Vorsitzender der Stiftung slawisches Schrifttum und slawische Kultur zweifacher Träger des Lenin-Ordens, 1977 Staatspreisträger der UdSSR 1987 Staatspreisträger der UdSSR »Held der sozialistischen Arbeit«

RUZKOJ, Aleksandr Wladimirowitsch

Derzeitige Funktion:	Vorsitzender der VPFR seit 1991, Oktober 1993 verhaftet
Geboren:	1947 in Kursk
Bildung:	1966–71 Pilotenausbildung an der Militärhochschule der Luftstreitkräfte namens Werschinin in Barnaul (Kraj Altai) 1978–80 Studium an der Militärakademie der Luftstreitkräfte namens Ju. A. Gagarin in Monino 1988–90 Studium an der Generalstabsakademie der UdSSR in Moskau (Abschluß mit Auszeichnung)
Bisherige Karriere:	1964 Schlosser in einem Flugzeugwerk im Gebiet Kursk 1970–91 KPdSU-Mitglied 1971–81 Pilot bei den sowjetischen Luftstreitkräften, u.a. auch in der DDR 1981–85 Leiter des Zentrums für Militärausbildung der Luftstreitkräfte 1985–86 Befehlshaber eines Fliegerregiments in Afghanistan, verwundet 1988 Stellvertretender Befehlshaber der Luftstreitkräfte in Afghanistan, insgesamt 428 Kampfflüge 1988 Abgeschossen, verwundet, Gefangenschaft in Pakistan; gegen pakistanischen Spion ausgetauscht 1988 »Held der Sowjetunion« 1990–91 Volksdeputierter der Russischen Föderation 1990–91 Vorsitzender der Kommission des Obersten

	Sowjet der Russischen Föderation für Angelegenheiten der Kriegsveteranen und Kriegs-/Arbeitsinvaliden sowie für Sozialschutz der Soldaten und deren Angehörige
1990–91	Mitglied des Präsidiums des Obersten Sowjet der RSFSR
1990–91	Mitglied des ZK der KP der RSFSR
1991	Mitbegründer und Vorsitzender der Fraktion »Kommunisten für Demokratie« im Volkskongreß der RSFSR
1991	Ausschluß aus der KPdSU wegen Parteispaltung
1991–93	Generalmajor der Luftwaffe seit 1991
1991–93	Vizepräsident der Russischen Föderation
1992	Leiter der Kommission für Agrarreform der Russischen Föderation
1992–93	Ständiges Mitglied des Sicherheitsrates der Russischen Föderation
1992–93	Ko-Vorsitzender der »Bürgerunion«
1993	Leiter der Kommission zur Bekämpfung von Korruption
1993	Von Volksdeputierten im Weißen Haus gewählter Gegenpräsident

SALJE, Marina Jewgenjewna

Derzeitige Funktion:	Ko-Vorsitzende der FDPR seit 1990
Geboren:	1934 in Leningrad
Bildung:	1957 Absolvierung der Geologischen Fakultät der Leningrader Staatlichen Universität als Geologin/Geochemikerin
	1985 Doktor der Geologischen Wissenschaften
Bisherige Karriere:	1957–90 Laborantin, Leitende Laborantin, Wissenschaftliche Mitarbeiterin, Leitende Wissenschaftliche Mitarbeiterin im Institut für Geologie und Geochronologie des Präkambriums der Akademie der Wissenschaften der UdSSR
	1971–89 KPdSU-Mitglied
	seit 1988 Mitglied des Rates der Leningrader Organisation von »Memorial«
	1989–90 Mitglied des Koordinierungsrates der Leningrader Volksfront
	1990 Mitbegründerin der DPR
	1990–93 Volksdeputierte der Russischen Föderation
	1990–93 Vorsitzende der Kommission des St. Petersburger Stadtsowjets für Wohlfahrtsfragen
	1992–93 Ko-Vorsitzende von DR

SASLAWSKIJ, Ilja Iossifowitsch

Derzeitige Funktion:	Ko-Vorsitzender von DR seit 1993
Geboren:	1960 in Moskau
Ausbildung:	1981 Studienabschluß am Moskauer Textilinstitut Kandidat der Technischen Wissenschaften

Bisherige Karriere:
- seit 1976 Ingenieur, Leitender Ingenieur, Wissenschafticher Mitarbeiter des Moskauer Textilinstituts
- 1989–91 Volksdeputierter der UdSSR
- 1989–90 Stellvertretender Vorsitzender der Kommission des Obersten Sowjet der UdSSR für Angelegenheiten der Veteranen und Invaliden
- 1990–91 Vorsitzender des Sowjets des Oktober-Stadtbezirks von Moskau
- 1990 Mitglied des DR-Organisationskomitees; Mitglied des DR-Koordinierungsrates
- 1991–92 Bevollmächtigter Vertreter des Oberbürgermeister von Moskau
- 1992 Direktor der Abteilung für gesellschaftliche Probleme; Vorsitzender des Städtischen Expertenrates des Oberbürgermeisters von Moskau

SCHEJKIN, Aleksandr Nikiforowitsch

Derzeitige Funktion:	Vorsitzender von SPU (SozProf der Ukraine) seit 1990
Geboren:	1956 in Kiew
(Nationalität:	Russe)
Ausbildung:	Absolvierung eines Hochschulstudiums

Bisherige Karriere:
- Ab 1987 Aktive Tätigkeit in unabhängigen politischen Bewegungen, deswegen häufiger Wechsel der Arbeitsstelle
- 1987–88 Führer mit anderen der Kiewer Volksunion zur Unterstützung der Perestrojka
- Zeitweise Mitglied von RUCH

SCHIRINOWSKIJ, Wladimir Wolfowitsch

Derzeitige Funktion:	Vorsitzender der LDPR seit 1990
Geboren:	1946 in Alma-Ata
Bildung:	1970 Abschluß des Asien- und Afrika-Instituts an der Moskauer Staatlichen Lomonossow-Universität mit der Spezialisierung Turkologie
	1974–77 Fernstudium des Internationalen Rechts an der

		Juristischen Fakultät der Moskauer Staatlichen Lomonossow-Universität
Bisherige Karriere:	1969–70	Praktikum bei Gostelradio und beim Staatskomitee der UdSSR für außenwirtschaftliche Beziehungen
	1970–72	Militärdienst im Militärbezirk Transkaukasus im Range eines Leutnant
	1972–75	Tätigkeit im Sektor Westeuropa der internationalen Abteilung des Sowjetischen Komitees für die Verteidigung des Friedens
	1975–77	Tätigkeit im Dekanat für die Arbeit mit ausländischen Studenten der Wirtschaftsfakultät der Gewerkschaftshochschule
	1977–83	Mitglied des Kollegiums des Justizministeriums der UdSSR
	1983–90	Leiter des juristischen Dienstes des Verlages »Mir«
	1989	Gründer der LDP der UdSSR
	1990	Vorsitzender der LDP der UdSSR
	1990	Vorsitzender der LDPR
	1991	Erhielt 8 % der Stimmen bei der Präsidentschaftswahl
	1991	Rief während des August-Putsches öffentlich für die Unterstützung der Putschisten auf

SCHMAKOW, Michail Wiktorowitsch

Derzeitige Funktion:	Amtierender Vorsitzender FNPR seit 1993 Mitglied des Rates der Internationalen Gewerkschaftsassoziation (und ihres Vorläufers) seit 1990
Geboren:	1949
Bisherige Karriere:	Bis 1990 Leitender Ingenieur in einem Rüstungsbetrieb 1990–93 Vorsitzender der Moskauer Föderation der Gewerkschaften

SCHOSTAKOWSKIJ, Wjatscheslaw Nikolajewitsch

Derzeitige Funktion:	Vorsitzender des Politrates der RPRF seit 1992 Direktor des Zentrums für Sozialwissenschaften der Gorbatschow-Stiftung seit 1992
Geboren:	1937 in Tschema (Tschuwaschien)
Bildung:	1960 Abschluß der Medizinischen Hochschule in Lwow (Lemberg) 1973 Kandidat der Philosophischen Wissenschaften an der Akademie für Gesellschaftswissenschaften beim ZK der KPdSU

Bisherige Karriere:	1960–62	Assistent am Lehrstuhl für pharmazeutische Chemie der Medizinischen Hochschule in Lwow (Lemberg)
	1961–90	KPdSU-Mitglied
	1962–71	Instruktor, Stellvertretender Sektorleiter, Sektorleiter, Abteilungsleiter der Studentenjugend des Komsomol
	1971–73	Aspirant am Lehrstuhl für Philosophie der Akademie für Gesellschaftswissenschaften beim ZK der KPdSU
	1973–78	Wissenschaftlicher Sekretär der Akademie für Gesellschaftswissenschaften beim ZK der KPdSU
	1978–86	Instruktor des Kadersektors der Abteilung ZK der KPdSU für Parteiorganisationsarbeit
	1986–90	Rektor der Parteihochschule des ZK der KPdSU
	1990	Direktor der unabhängigen Informationsagentur »Perspektiwa«
	1990	Mitglied des Koordinierungsrates der »Demokratischen Plattform in der KPdSU«
	1990–92	Ko-Vorsitzender der RPRF
	1991	Ko-Vorsitzender »Bewegung für demokratische Reformen«

SCHTSCHERBAKOW, Wladimir Pawlowitsch

Derzeitige Funktion:	Vorsitzender der Internationalen Gewerkschaftsassoziation seit 1990
	Mitglied des Rates der Internationalen Organisation für Arbeit seit 1991
Geboren:	1941 in Moskau
Ausbildung:	Studium am Moskauer Institut für Werkzeugmaschinenbau
	Kandidat der Technischen Wissenschaften

Bisherige Karriere:	1958–61	Elektromonteur im Moskauer Luftfahrtinstitut
	bis 1991	KPdSU-Mitglied
	1961–89	Karriere im Moskauer Automatenwerk vom Ausrichter bis zum Generaldirektor
	1986–90	Vorsitzender des Moskauer Stadtrates der Gewerkschaften
		Mitglied des Präsidiums des Allunionsrates der Gewerkschaften der Sowjetunion
		Sekretär des Allunionsrates der Gewerkschaften der Sowjetunion
	bis 1990	Deputierter des Obersten Sowjet der RSFSR
	1989–91	Volksdeputierter der UdSSR;
		Mitglied der Planungs- sowie Finanz- und Budgetkommission des Obersten Sowjet der UdSSR
	1990	Stellvertretender Vorsitzender des Allunionsrates der Gewerkschaften der Sowjetunion

Stellvertretender Vorsitzender des Weltgewerkschaftsbundes

SJUGANOW, Gennadij Andrejewitsch

Derzeitige Funktion:	Vorsitzender der KPRF seit 1993 Ko-Vorsitzender der FNR seit 1992 Ko-Vorsitzender von RNV seit 1992
Geboren:	1944 in Mytrino (Gebiet Orlow)

Bildung: 1962–63 und 1966–69 Studium an der Physikalisch-mathematischen Fakultät des Pädagogischen Instituts in Orlow
1978–80 Studium an der Akademie für Gesellschaftswissenschaften beim ZK der KPdSU
Kandidat der Philosophischen Wissenschaften

Bisherige Karriere:
1961–62 Lehrer an der Dorfschule in Mytrino
1963–66 Militärdienst, u.a. in der chemischen Aufklärung in der DDR
Vorsitzender des studentischen Gewerkschaftskomitees
1964–91 KPdSU-Mitglied
1969–74 Dozent für mathematische Analyse an der Physikalisch-mathematischen Fakultät des Pädagogischen Instituts in Orlow
1971–74 Bezirks-Sekretär, 1. Sekretär des Stadtkomitees, 1. Sekretär des Gebietskomitees des Komsomol in Orlow
1974–78 1. Bezirks-Sekretär, 2. Sekretär des Stadtkomitees der KPdSU in Orlow
1980–83 Abteilungsleiter des Gebietskomitees der KPdSU in Orlow
1980–83 Dozent für Marxistisch-leninistische Philosophie am Pädagogischen Institut in Orlow
1983–90 Instruktor, Verantwortlicher Sekretär, Unterabteilungsleiter für die RSFSR, Stellvertretender Leiter der ideologischen Abteilung des ZK der KPdSU
1990–91 Mitglied des Politbüros des ZK der KP der RSFSR
Sekretär des ZK der KP der RSFSR
Vorsitzender der Kommission des ZK für humanitäre und ideologische Probleme
Mitglied des Sekretariats des ZK der KP der RSFSR

SMOLIN, Oleg Nikolajewitsch

Derzeitige   Vorsitzender der PdA seit 1992
Funktion:

Geboren:	1952 in Poludino (Kasachstan)
Bildung:	1974 Absolvierung der Historischen Fakultät des Staatlichen Pädagogischen Instituts in Omsk
	1982 Kandidat der Philosophischen Wissenschaften
Bisherige Karriere:	1974–76 Lehrer für Geschichte und Gesellschaftswissenschaften an der Schule für Arbeiterkinder in Omsk
	1976–92 Dozent an der Historischen Fakultät des Staatlichen Pädagogischen Instituts in Omsk
	1976–91 KPdSU-Mitglied
	1990–93 Volksdeputierter der Russischen Föderation
	1990–93 Mitglied der Kommission des Obersten Sowjet der Russischen Föderation für Wissenschaft und Volksbildung
	1990–93 Mitglied der Kommission des Obersten Sowjet der Russischen Föderation für Angelegenheiten der Kriegsveteranen und Kriegs-/Arbeitsinvaliden sowie für Sozialschutz der Soldaten und deren Angehörige

SOBOL, Michail Michajlowitsch

Derzeitige Funktion:	Vorsitzender der Konföderation der Arbeit von Weißrußland seit 1991
	Ko-Vorsitzender der Interrepublikanischen Konföderation der Arbeit seit 1990
Geboren:	1951 in Tioplje (Gebiet Witebsk)
Ausbildung:	1973 Studium am Minsker Radio-Ingenieur-Institut
Bisherige Karriere:	1973–83 Aufstieg vom Konstrukteur zum Leitenden Ingenieur im Computer-Zentrum der Vereinigung »Belselchostechnika«, in einem Projektierungsinstitut, in einem Konstruktionsbüro für die Automatisierung technologischer Prozesse und im Betrieb »Etalon«
	seit 1984 Tätigkeit in der Rüstungsindustrie
	1986 Organisation und Leitung des ersten Arbeiterrates in Minsk
	Entlassung infolge eines Konflikts mit der Betriebsleitung wegen der Herstellung von Radio-Ausrüstung für die sowjetischen Truppen in Afghanistan
	Pförtner in einer Kooperative
	1989–91 Mitglied der WVF und ihres Hauptquartiers
	1989 Aufruf zum politischen Hungerstreik zur Unterstützung Andrej Sacharows in Minsk, der zur ersten Massenzusammenkunft in Minsk mit 10 000 Teilnehmern führte
	Vorsitzender der Arbeiterunion von Weißrußland

1989–91 Dreimal entlassen, neunmal aus politischen Gründen vor Gericht, einmal 15 Tage lang inhaftiert

SOLOTAREW, Wiktor Borissowitsch

Derzeitige Funktion: Ko-Vorsitzender der PWF seit 1992
Vorsitzender der »Partei der konstitutionellen Demokraten der Russischen Föderation« seit 1991

Geboren: 1960 in Moskau

Ausbildung: 1979–83 Studium an der Geographischen Fakultät der Moskauer Staatlichen Lomonossow-Universität

Bisherige Karriere:
1983–86 Geographielehrer an einer Oberschule in Moskau
1986–87 Ingenieur am Institut für Ozeanographie
seit 1987 Vorstandsmitglied der Agentur »Fakt«
bis 1989 Direktor der Agentur »Postfaktum«
1987–89 Vorsitzender der Organisation »Bürgerliche Würde«
1989–91 Chefredakteur der Zeitung »Bürgerliche Würde«
1989–90 Mitglied des Gründungskomitees der »Partei der konstitutionellen Demokraten der Russischen Föderation«
1990–91 Ko-Vorsitzender der »Partei der konstitutionellen Demokraten der Russischen Föderation«

STAROWOJTOWA, Galina Wassiljewna

Derzeitige Funktion: Ko-Vorsitzende von DR seit 1993

Geboren: 1946 in Tscheljabinsk

Ausbildung: Studium an der Psychologischen Fakultät der Leningrader Staatlichen Universität
Kandidatin der Historischen Wissenschaften

Bisherige Karriere:
Psychologin in einem Werk
bis 1974 Dozentin für Sozialpsychologie
1974–89 Dozentin im Institut für Ethnographie der Akademie der Wissenschaften der UdSSR
1989 Leitende Wissenschaftliche Mitarbeiterin des Zentrums zur Erforschung der internationalen Beziehungen beim Präsidium der Akademie der Wissenschaften der UdSSR
1989–91 Volksdeputierte der UdSSR
1990–91 Mitglied des Obersten Konsultativ-Koordinierungsrates beim Vorsitzenden des Obersten Sowjet der UdSSR
1990–93 Volksdeputierte der Russischen Föderation
1991 Staatssekretärin der RSFSR für Nationalitätenfragen

1991–92 Beraterin des Präsidenten der Russischen Föderation für Nationalitätenfragen

STERLIGOW, Aleksandr Nikolajewitsch

Derzeitige Funktion:	Ko-Vorsitzender von RNV seit 1992 Vorsitzender der »Offiziere für die Wiedergeburt des Vaterlandes« seit 1992
Geboren:	1943 in Wygljadowka (Gebiet Tula)

Bildung:
- 1960–66 Studium am Moskauer Institut für Autotransportingenieure
- 1966–67 Studium an der KGB-Hochschule

Bisherige Karriere:
- 1957–60 Eisenbahnarbeiter
- 1967 Leutnant des KGB
- 1967–88 Aufstieg im KGB vom operativen Mitarbeiter bis zum Stellvertretenden Leiter der Gegenspionage
- 1970 KPdSU-Eintritt
  Generalmajor des KGB
- 1984–86 Deputierter des Kiewer Stadtbezirks von Moskau
- 1986–89 Sektorleiter der Wirtschaftsabteilung des Ministerrats der UdSSR
- 1989–90 Leiter der Wirtschaftsverwaltung des Ministerrats der UdSSR unter Ryschkow
- 1990–91 Geschäftsführer der Regierung der Russischen Föderation unter Ministerpräsident Silajew
- 1991 Berater von Ruzkoj für die Reform der Sicherheitsorgane
- 1991 Entlassung aus dem KGB
- 1991 Gründung der »Offiziere für die Wiedergeburt Rußlands«
- 1993 Kandidatur für die Oberbürgermeisterwahl in Moskau

TRAWKIN, Nikolaj Iljitsch

Derzeitige Funktion: Ehrenvorsitzender der DPR seit 1993
Leiter der Verwaltung in Schachowskij-Rajon (Gebiet Moskau) seit 1991
Präsident der Stiftung »Entwicklung der Bauern- und Farmerwirtschaft« seit 1992

Geboren: 1947 in Nischne-Nikolskaja (Gebiet Moskau)

Bildung: Fernstudium an der Physikalisch-mathematischen Fakultät des Pädagogischen Instituts in Kolomna
1981 Abschluß der Ingenieur-Schule für Bauwesen in Klin
1988–89 Studium an der Parteihochschule beim ZK der KPdSU

Bisherige Karriere:	1969–70	Militärdienst in Karelien
	1970–72	Lehrer in einer Mittelschule
	1970–90	KPdSU-Mitglied
	1972–83	Maurerbrigadier im Gebiet Moskau
	1982–90	Mitglied des KPdSU-Komitees des Gebietes Moskau
	1983–87	Leiter des Trustes »Mosoblselstroj«
	1987–88	Stellvertretender Leiter von »Glawoblstroj«
	1988–89	Leiter von »Glawoblstroj« des Ministeriums für Bauwesen der UdSSR im Range eines Stellvertretenden Ministers der UdSSR
	–1990	Dozent an der KPdSU-Parteihochschule in Moskau
		»Held der sozialistischen Arbeit«
	1989–91	Volksdeputierter der UdSSR
	1989–91	Mitglied der Kommission des Obersten Sowjet der UdSSR für Fragen der Arbeit der Sowjets der Volksdeputierten und für die Entwicklung der Selbstverwaltung
	1989–91	Vorsitzender des Unterkomitees für Selbstverwaltung des Obersten Sowjet der UdSSR
	1989–91	Mitglied des Koordinierungskomitees der Interregionalen Gruppe der Volksdeputierten der UdSSR
	1989–90	Mitglied der DR-Fraktion des Volksdeputiertenkongresses der UdSSR
	–1990	Mitarbeit bei der »Demokratischen Plattform in der KPdSU«
	1990	Mitbegründer der DPR
		Mitglied des DR-Koordinierungsrates
	1990–93	Volksdeputierter der Russischen Föderation
	1990–93	Vorsitzender der Kommission des Obersten Sowjet der Russischen Föderation für Fragen der Arbeit der Sowjets der Volksdeputierten und für die Entwicklung der Selbstverwaltung
		Mitglied des Präsidiums des Obersten Sowjet der Russischen Föderation
	1991	Mitbegründer von »Volkskonsens«
	1992–93	Vorsitzender der DPR
	1992	Mitglied des Politischen Konsultativrates der »Bürgerunion«

TSCHUJEW, Aleksandr Wiktorowitsch

Derzeitige Funktion: Vorsitzender der RChDP seit 1991

Geboren: 1965 in Moskau

Ausbildung: 1982–85 nicht abgeschlossenes Studium an der Energo-physikalischen Fakultät des Moskauer Energetischen Instituts

		Fernstudien an der Historischen Abteilung des Instituts für Kultur »Unik«
Bisherige Karriere:	1985	Tätigkeit im Laboratorium des Lehrstuhls für angewandte Mathematik des Moskauer Energetischen Instituts
		Studienmeister am Lehrstuhl für Höhere Mathematik an der Technischen Hochschule »Bauman« in Moskau
	1986	Reinigungskraft
		Saisonarbeiter in einer Oberschule
		Leiter eines Tourismuszirkels im Haus der Pioniere
		Sozialarbeiter im Haus für Betagte und Invaliden
	1988	Mitglied der Partei »Demokratische Union«
		Mitglied des Zentralen Koordinierungsrates der Partei »Demokratische Union«
		Leiter des Sektors Propaganda und Aufklärung der Partei »Demokratische Union«
	1989	Mitbegründer der ChDUR
		Stellvertretender Vorsitzender der ChDUR
		Erster Redakteur der Zeitung »Freies Wort«
		Mitbegründer der Zeitung »Bote der christlichen Demokratie«
	1990	Gründer und Chefredakteur der Zeitung »Christliche Politik«
		Mitglied des Organisationskomitees der RChDP
		Stellvertretender Vorsitzender der ChDUR

UTKIN, Wladimir Borissowitsch

Derzeitige Funktion:	Vorsitzender des Interrepublikanischen Rates der Bergarbeitergewerkschaften
Geboren:	1958
Ausbildung:	1986 am Leningrader Bergwerksinstitut graduiert

Bisherige Karriere:	bis 1981	Arbeit im Bergwerk von Leninsk-Kusnezk (Gebiet von Kemerowo)
	seit 1986	Arbeit im Bergwerk »Zentralnaja« in Workuta, zuerst als Vorarbeiter, dann als Oberaufseher eines Sektors
	1989	Vorsitzender des Streikkomitees des Bergwerkes »Zentralnyj«
		Mitglied des Streikkomitees von Workuta
	1990–93	Volksdeputierter der Russischen Föderation seit 1990
		Sekretär der Kommission des Obersten Sowjet für Wirtschaftsreformen und Eigentum

WARTASAROWA, Ljudmila Stepanowna

Derzeitige Funktion:	Vorsitzende der SPW seit 1993 Mitglied des Koordinationsrates der Allrussischen Patriotischen Bewegung »Heimatland« seit 1992
Geboren:	1938 in Tbilissi

Bildung:
- 1960 Absolvierung des Moskauer Bauingenieur-Instituts namens W. I. Kujbyschew
- 1979 Kandidatin der Wirtschaftswissenschaften
- 1985 Doktor der Wirtschaftswissenschaften

Bisherige Karriere:
- 1960–66 Wissenschaftliche Redakteurin der Zeitschrift »Hydrotechnisches Bauwesen«
- 1965–97 Deputierte eines Moskauer Stadtbezirkssowjet
- 1966–68 Tätigkeit auf Kuba (Dienstreise ihres Mannes)
- 1967–91 KPdSU-Mitglied
- 1968–80 Ingenieurin, Oberingenieurin im Ministerium für Energetik und Elektrifizierung der UdSSR
- 1980–86 Wissenschaftliche Sekretärin des Wissenschaftlichen Rates für komplexe Energetikprobleme der Akademie der Wissenschaften der UdSSR
- 1986–89 Leiterin des Labors des Instituts für energetische Forschungen der Akademie der Wissenschaften der UdSSR
- 1989–90 2. Sekretärin des KPdSU-Bezirkskomitees des Oktober-Stadtbezirks von Moskau
- 1990–91 Sekretärin des Moskauer Stadtparteikomitees der KPdSU
- 1991 Mitbegründerin der SPW
- 1991 SPW-Vorsitzende von Moskau
- 1991–93 Ko-Vorsitzende der SPW
- 1993 Mitglied des Zentralen Exekutivkomitees der KPRF

WOLSKIJ, Arkadij Iwanowitsch

Derzeitige Funktion:	Vorsitzender der AUE seit 1992 Ko-Vorsitzender der »Bürgerunion« seit 1992 Präsident des Russischen Industriellen- und Unternehmerverbandes seit 1992
Geboren:	1932 in Dobrusch (Gebiet Gomel in Weißrußland)
Ausbildung:	1954 Absolvierung der Metallurgie-Fakultät des Moskauer Stahlbau-Instituts namens J. W. Stalin

Bisherige Karriere:
- Tätigkeit als Meister, Abschnittsleiter, Abteilungsleiter im Automobilwerk »I.A. Lichatschow« in Moskau
- 1958–91 KPdSU-Mitglied
- 1966–69 KPdSU-Sekretär des Parteikomitees des Automobilwerks »I.A. Lichatschow« in Moskau

1969–78	Sektorleiter in der Abteilung Maschinenbau des ZK der KPdSU
1978–81	Stellvertretender Leiter der Abteilung Maschinenbau des ZK der KPdSU
1981–83	Erster Stellvertretender Leiter der Abteilung Maschinenbau des ZK der KPdSU
1983–85	Berater für Wirtschaftsfragen der KPdSU-Generalsekretäre Andropow, Tschernenko und Gorbatschow
1983–90	Mitglied des Obersten Sowjet der RSFSR
1984–89	Mitglied des Obersten Sowjet der UdSSR
1985–88	Leiter der Abteilung Maschinenbau des ZK der KPdSU
1986–91	Mitglied des ZK der KPdSU
1988–89	Vertreter des ZK der KPdSU und des Präsidiums des Obersten Sowjet der UdSSR für das Autonome Gebiet Nagornyj-Karabach (in Aserbajdschan)
1989–90	Vorsitzender des Sonderkomitees für die Verwaltung des Autonomen Gebiets Nagornyj-Karabach
1989–91	Volksdeputierter der UdSSR
1989–90	Mitglied des Komitees des Obersten Sowjet der UdSSR für Fragen der Verteidigung und Staatssicherheit
bis 1990	Deputierter des Obersten Sowjet der RSFSR
1990–92	Präsident des industriellen Wissenschaftsrates der UdSSR
1991	Stellvertretender Leiter des Komitees für die operative Leitung der Volkswirtschaft der UdSSR
1991–92	Ko-Vorsitzender der Bewegung für demokratische Reformen

Abkürzungsverzeichnis

AKG	= Allgemeine Konföderation der Gewerkschaften
AKPB	= Allunionistische Kommunistische Partei der Bolschewiken
AUE	= Allrussische Union »Erneuerung«
ChDUR	= Christlich-demokratische Union Rußlands
ChDUW	= Christlich-demokratische Union Weißrußlands
DPKR	= Demokratische Partei der Kommunisten Rußlands
DPR	= Demokratische Partei Rußlands
DPU	= Demokratische Partei der Ukraine
DR	= Demokratisches Rußland
FDPR	= Frei-demokratische Partei Rußlands
FNPR	= Unabhängige Gewerkschaftsföderation Rußlands
FNPU	= Unabhängige Gewerkschaftsföderation der Ukraine
FNR	= Front der nationalen Rettung
KDP-PVF	= Konstitutionell-demokratische Partei (Partei der Volksfreiheit)
KP der RSFSR	= Kommunistische Partei der RSFSR
KPdSU	= Kommunistische Partei der Sowjetunion
KPRF	= Kommunistische Partei der Russischen Föderation
LDPR	= Liberal-demokratische Partei Rußlands
NPG	= Unabhängige Bergarbeitergewerkschaft
NPGR	= Unabhängige Bergarbeitergewerkschaft Rußlands
NPGU	= Unabhängige Bergarbeitergewerkschaft der Ukraine
NRPR	= National-republikanische Partei Rußlands
PdA	= Partei der Arbeit
PDWU	= Partei der demokratischen Wiedergeburt der Ukraine
PGU	= Partei der Grünen der Ukraine
PWF	= Partei der wirtschaftlichen Freiheit
RBDR	= Russische Bewegung für demokratische Reformen
RChDB	= Russische Christlich-demokratische Bewegung

RChDP	=	Russische Christlich-demokratische Partei
RChDU	=	Russische Christlich-demokratische Union
RKAP	=	Russische Kommunistische Arbeiterpartei
RKP	=	Russische Kommunistische Partei
RNV	=	Russische Nationalversammlung
RPG	=	Russische Partei der Grünen
RPK	=	Russische Partei der Kommunisten
RPRF	=	Republikanische Partei der Russischen Föderation
SDPR	=	Sozialdemokratische Partei der Russischen Föderation
SDPU	=	Sozialdemokratische Partei der Ukraine
SozProf	=	Solidarische Gewerkschaft
SPU	=	Solidarische Gewerkschaft der Ukraine
SPW	=	Sozialistische Partei der Werktätigen
UChDP	=	Ukrainische Christlich-demokratische Partei
UdK	=	Union der Kommunisten
UKP-KPdSU	=	Union der Kommunisten – KPdSU
URP	=	Ukrainische Republikanische Partei
VPFR	=	Volkspartei Freies Rußland
VPR	=	Volkspartei Rußlands
VSDPU	=	Vereinigte Sozialdemokratische Partei der Ukraine
WOST	=	Allukrainische Vereinigung der Solidarität der Arbeitenden
WSDP	=	Weißrussische Sozialdemokratische Partei Hromada
WSSR	=	Weißrussische Sozialistische Sowjetrepublik
WVF	=	Weißrussische Volksfront
ZK	=	Zentralkomitee

Literaturverzeichnis

Chubais, Igor, The democratic Opposition: An Insider's View. RFE/RL Research Institute (Hrsg.), Report on the USSR, 18, 1991, S. 4–15.
Ellmann, Michael, Russia: The Economic Program of the Civic Union, in: RFE/RL Research Report, 11, 1993, S. 34–45.
Fadeeva, Tatjana, Die Russische Christlich-Demokratische Bewegung. Information aus der Forschung des Bundesinstituts für ostwissenschaftliche und internationale Studien, 4, 1992.
Göbner, Rolf, Die demokratische Opposition in der Ukraine, in: Osteuropa, 9, 1991, S. 864–875.
Jakunin, Gleb P./Sawizkij, Witalij W., Die christlichen Demokraten in der politischen Landschaft Rußlands, in: Konrad-Adenauer-Stiftung (Hrsg.), Rußland. KAS-Auslandsinformationen, Juli 1993, S. 38–44.
Kireev, Arkadij, Das Spektrum der politischen Parteien in der Ukraine: Von der Trennung zum Zusammenschluß. Aktuelle Analysen des Bundesinstituts für ostwissenschaftliche und internationale Studien, Nr. 52/1992.
Knabe, Bernd, Gewerkschaften, in: Handbuch der Sowjetverfassung. Band I. Einleitung. Präambel, Art. 1–69. Berlin 1983, S. 185–192.
Krüger, Uwe, Die »Auferstehung der sowjetischen Arbeiterbewegung«. Neue Gewerkschaften und gewerkschaftsähnliche Organisationen in der UdSSR, in: Osteuropa, 9, 1990, S. 819–832.
Kuzio, Taras, Das Mehrparteiensystem in der Ukraine. Identitätsprobleme, Konflikte und Lösungen, in: Osteuropa, 9, 1993, S. 825–838.
Lentini, Peter, Political Parties and Movements in the Commonwealth of Independent States (Former USSR). Manchester 1992.
Ljubin, Valerij P., Sozialdemokratische Parteien in den Nachfolgestaaten der Sowjetunion. Köln 1992 (Berichte des Bundesinstituts für ostwissenschaftliche und internationale Studien, Nr. 13–1992).
Luchterhand, Galina, Neue politische Parteien und Bewegungen in Rußland. Geschichte und Gegenwart, in: Osteuropa, 5, 1992, S. 396–409.
Luchterhand, Galina, Die rußländische Parteienlandschaft: Kommunistische und sozialistische Parteien und Bewegungen, in: Osteuropa, 12, 1992, S. 1037–1049.
Luchterhand, Galina, Ruzkoj im Aufwind. Rußlands Vizepräsident und seine »Volkspartei Freies Rußland«, in: Osteuropa, 1, 1993, S. 3–20.
Mann, Dawn, Draft Party Program Approved, in: RFE/RL Research Institute (Hrsg.) Report on the USSR, 32, 1991, S. 1–5.
Orlow, Boris, Die Sozialdemokratische Partei der Russischen Föderation.

Interessen, Wertvorstellungen, Leitlinien. Köln 1993 (Berichte des Bundesinstituts für ostwissenschaftliche und internationale Studien, Nr. 44–1993).

Pivovarov, Jurij/Fursov, Andrej, Die KPdSU und das kommunistische Regime. Zum Prozeß über das Verbot der KPdSU vor dem russischen Verfassungsgericht. Köln 1993 (Berichte des Bundesinstituts für ostwissenschaftliche und internationale Studien, Nr. 30–1993).

Potichnyi, Peter J., The Multi-Party System in Ukraine. Köln 1992 (Berichte des Bundesinstituts für ostwissenschaftliche und internationale Studien, Nr. 3–1992).

Prudkow, Oleg/Bach, Dieter (Hrsg.), Wer sitzt morgen im Kreml? Die neuen Parteien in Rußland und ihre Führer. Wuppertal 1992.

Rahr, Alexander, Inside the Interregional Group, in: RFE/RL Research Institute (Hrsg.), Report on the USSR, 43, 1990, S. 1–4.

Savickij, Valerij M., War die KPdSU nun eine verfassungsmäßige Organisation?, in: Recht in Ost und West, 5, 1993, S. 134ff.

Slater, Wendy, The Center Right in Russia, in: RFE/RL Research Report, 34, 1993, S. 7–14.

Teague, Elizabeth, Russian Government Seeks »Social Partnership«, in: RFE/RL Research Report, 25, 1992, S. 16–23.

Teague, Elizabeth, Organized Labor in Russia in 1992, in: RFE/RL Research Report. 5, 1993, S. 38–41.

Teague, Elizabeth/Tolz, Vera, The Civic Union: The Birth of a New Opposition in Russia?, in: RFE/RL Research Report, 30, 1992, S. 1–11.

Timmermann, Heinz/Schneider, Eberhard, Voraussetzungen und Perspektiven für die neuen Parteien in der Sowjetunion, in: Osteuropa, 11, 1991, S. 1045–1065.

Tolz, Vera/Slater, Wendy/Rahr, Alexander, Profiles of the Main Political Blocs, in: RFE/RL Research Report, 20, 1993, S. 16–25.

Veen, Hans-Joachim/Weilemann, Peter R. (Hrsg.), Rußland auf dem Weg zur Demokratie? Politik und Parteien in der Russischen Föderation. Redaktion: Wolfgang Pfeiler. Paderborn/München/Wien/Zürich 1993.

Vochmenceva, Galina, Die Neuformierung der politischen Kräfte in der Russischen Föderation. Ein Vergleich zwischen Peripherie und Zentrum am Beispiel Sverdlovsk (I) und (II). Köln 1991 (Berichte des Bundesinstituts für ostwissenschaftliche und internationale Studien, Nr. 39–1991 und Nr. 40–1991).

Wishnevsky, Julia, The Rise and Fall of »Democratic Russia«, in: RFE/RL Research Report, 22, 1992, S. 23–27.